Pedro Hernán Portilla Salas

PERÚ:

¿DEMOCRACIA PARA LA IMPUNIDAD?

CUSCO - PERU

PERÚ:
¿DEMOCRACIA PARA LA IMPUNIDAD?

Autor/Editor:
Pedro Hernán Portilla Salas
Urb. Los Nogales Nº K-16 - San Sebastián – Cusco

1ª. Edición- Noviembre 2016

HECHO EL DEPOSITO LEGAL EN LA BIBLIOTECA
NACIONAL DEL PERÚ Nº 2016-13718

Se terminó de imprimir en noviembre del 2016 en:
CreateSpace Independent Publishing Plataform
Charleston, SC. USA.

Corrección de texto:
Enrique Rosas Paravicino

Diagramación:
Juan Edmundo Pantigozo Guillén

Diseño de Tapa: Césdar Aguilar Peña

ISBN – 13:978–1539622987

¿El tiempo cura todas las heridas? ¿Puede una sociedad en transición a la democracia moverse hacia adelante sin enfrentar completamente las violaciones a los derechos humanos que asolan su pasado? ¿Sólo la verdad y la justicia pueden reconciliar abusos a gran escala? Las difíciles lecciones del pasado reciente han enseñado a las sociedades y las naciones que las legítimas democracias exigen la rendición de cuentas política y personal, reforzada por el imperio de la ley.

Jocelyn E. Getgen

CONTENIDO

CAPÍTULO III
LEGITIMANDO EL USO PRIVADO DEL ESTADO

CAPÍTULO IV
ELECCIONES GENERALES DE 2016 Y EL MERCADO ELECTORAL

CAPÍTULO V
PODERES FACTICOS Y EL PODER POPULAR EN LAS ELECCIONES DE 2016

CAPÍTULO VI
DE LA PRIMERA VUELTA ELECTORAL Y SUS RESULTADOS

CAPÍTULO VII
CRÓNICA DE LA SEGUNDA VUELTA ELECTORAL

CONCLUSIONES FINALES

11

INTRODUCCIÓN

El Perú como Estado-nación, por cerca de doscientos años de vida republicana, marcha asido a la férula de un sistema político, históricamente injusto, corrupto, sectario y descontextualizado de su realidad; causa principal que-si no se rectifica oportunamente-, conducirá a la sociedad peruana, hacia un vórtice mayor del que la historia hasta hoy, nos muestra.

En el presente ensayo, se analiza, fundamenta y demuestra con evidencias históricas y concretas, la coherencia y validez universal de las proposiciones aquí planteadas; y, como herramienta de argumentación, se ha trazado un esquema más o menos didáctico, tal que el lector podrá compulsar su percepción sobre los hechos políticos, con la exposición del autor.

El enfoque conceptual, toma como casuística de análisis a la historia política del Perú republicano. Y, con fines propedéuticos, a efectos de identificar en detalle las particularidades problemáticas del sistema político vigente; delinea dos referentes de estudio. Uno, que muestra la inviabilidad del actual sistema democrático en cuanto resultado y emblema de la creación política de una élite social criolla, que inconsultamente universaliza sus intereses y, a través de sus poderes fácticos, impone tales referentes a una sociedad originaria mayoritaria, que secuestrada en sus elementales derechos políticos, pervive y sustenta a una nación distinta a la suya. Y otro, para demostrar de cómo, esta *democracia criolla* entrampa el desarrollo y progreso unitario de la sociedad peruana; el autor, elige como testigo de análisis, dos períodos políticos en vertiginosa continuidad: Primero, el segmento más controvertido y nocivo para la historia política del Perú, la denominada *"década de la antipolítica"* o *"década de la ignominia"*, que corresponde, al período gubernativo del ex Presidente de la República del Perú, Alberto Kenya Fujimori Fujimori, a quien le cupo gobernar por cerca de 11 años consecutivos: 1990-2001; lapso en el que también, aprovechando deliberadamente las imperfecciones de la *democracia criolla* y, con la connivencia de líderes y *partidos políticos tradicionales*, se cometieron insondables hechos criminales probados, que lastimaron la vida, salud y dignidad de la sociedad peruana; robaron, vulneraron las arcas fiscales y, corrompieron al Estado constituido. Estos hechos delictivos se demuestran en este trabajo. En el siguiente segmento de análisis, para indagar de cómo el colapso de un régimen autocrático y el ascenso de *la transición democrática* (2002-2016), influyó en el escenario y discurso político del país, se hace el seguimiento de los procesos políticos del Perú, desde el año 2006 hasta el 2016.

La pesquisa de ambos segmentos históricos, demuestra que en este período, supuestamente democrático, los hechos políticos, instituidos por el régimen autocrático, mantienen o mejoran sus referentes antipolíticos. Es más, contraria a toda lógica democrática, los poderes fácticos, causantes del oprobio dictatorial, esta vez activamente enquistados en las estructuras del Estado, amparados en el ambiguo ordenamiento legal de los proceso políticos, vicios, trampas y, la presión absoluta del poder económico, manipulando: procesos electorales, decisiones jurisdiccionales acabadas, decisiones legislativas y, monopolizando el poder de los medios de comunicación e información, orientan la opinión nacional con *dilemas falaces* para legitimar y consensuar una forma delincuencial de gobierno. En otras palabras, el acceso al poder político, está sujeta al poder económico imperante. Entre tanto, la mayoría de la ciudadanía sin recursos, principalmente las poblaciones originarias, mestizas y criollas empobrecidas, coactadas de su autonomía y libertad política, se constituyen en súbditos de la *democracia imperfecta*, obligados sólo a elegir, más no a ser elegidos.

En síntesis, de las decisiones e intereses de un pequeño grupo, históricamente privilegiado por la *democracia emblema;* pende, los destinos de la sociedad peruana.

Finalmente, distinguido lector, lo dicho aquí, *es un análisis, más no una solución* y apenas resulta el resumen apretado de cuanto contiene este ensayo. En adelante, dejo a su amplio criterio, seguir el curso de la lectura y, de ser el caso, formarse una opinión sobre la validez del actual sistema político nacional, como motor del desarrollo, progreso y bienestar del Perú; mejor dicho, un Estado democrático representativo de la mayorías, que garantice en el tiempo, una pacífica sociedad, culta, próspera, justa y sin exclusiones raciales, sociales, culturales, económicos, políticas y territoriales.

Termino este preámbulo, parafraseando la siguiente cita: "Sin cultura crítica, los individuos se muestran incapaces de pensar la realidad por sí mismos. En este sentido, la existencia deja de ser un viaje en busca del bien, la verdad y la felicidad, para convertirse en una sinrazón de espejismos y estereotipos cuya apariencia se revista del bienestar que nos brinda un pensamiento impuesto y asimilado: todo por no tener la valentía de superar a tiempo las cadenas del esclavo"[1]

---

1 Bertrand Regader; *Síndrome del esclavo satisfecho: cuando agradecemos los latigazos.*

CAPÍTULO I
REFRESCANDO LA MEMORIA

1.   Urdiendo trampas para el futuro:

Alberto Kenya Fujimori (1938), personaje de origen japonés, cuya nacionalidad peruana en un momento dado fue discutida, hasta que finalmente quedó consentido como peruano-japonés; fue sin duda, uno de los dictadores más cínicos, crueles y fríos de la historia peruana. Ingresó al poder político, gracias al "patrocinio" decisivo del Partido Aprista peruano; éste que para librar del inminente encarcelamiento de su líder Alan García, procesado por causas criminales probadas contra el Estado, apoyó en la segunda vuelta la campaña electoral de Fujimori en 1990, fabricando miedo y terror en los electores contra el candidato oponente y ganador de las elecciones en primera vuelta de aquel entonces, Mario Vargas Llosa.

Alberto Fujimori, prometiendo principalmente acabar con el terrorismo, accede al gobierno político del Perú. Al hacerse cargo de la jefatura de Estado, simuló ser un gobernante, justo y respetado por las masas; pero esta su careta, poco a poco vino trocando en un vil dictador, genocida y ladrón[2]. La tarea siniestra la cumplió en

---

[2] NOTA: Transparencia Internacional, concluye que Alberto Fujimori es uno los expresidentes más corruptos del planeta; textualmente se afirma esto: "Entre los diez ex líderes más corruptos del mundo se encuentra el ex presidente y hoy sentenciado **Alberto Fujimori, quien ocupa el**

componenda con Vladimiro Montesinos Torres, su asesor; un ex militar del Ejército Peruano, defenestrado de su arma por actos evidentes que lindaban con traición a la patria. Empezaron su faena, primero, identificando con precisión, los vicios consuetudinarios que históricamente caracterizaba a la clase política del Perú, para replicar, mejorar y/o acomodar tales debilidades en su beneficio. Seguidamente, para asegurar que estas intenciones corruptas se concretaran en utilidad de la mafia que maduraba, manipularon las vulnerabilidades del orden constitucional, la democracia criolla, sus leyes. También aprovecharon la aparente aquiescencia a la corrupción de quienes manejaban el Estado y sus

---

séptimo lugar, así lo reveló el Informe del Global de Corrupción de la organización Transparencia Internacional, publicado en Londres el 18 de abril. (...) Alberto Fujimori es responsable del delito de peculado por haberse apropiado supuestamente de US$15 millones provenientes de los recursos públicos para beneficiar ilegalmente a su asesor Vladimiro Montesinos. Asimismo es responsable del delito de falsedad ideológica al señalar contenidos falsos en el Decreto de Urgencia N° 081-2000 con el fin de materializar la apropiación de los recursos públicos. Por esta razón, la acusación fiscal formulada solicitó se le impongan ocho años de pena privativa de libertad, inhabilitación de tres años y el pago de US$2 millones de nuevos soles por concepto de reparación civil a favor del Estado. Tomado de: .
http://revistalawyer.com/index.php/actualidad/noticias/item/1201-los-top-10-gobernates-mas-corruptos-alberto-fujimori-ocupa-el-7-lugar-entre-los-mas-corruptos-del-planeta. VIERNES 26 DE MARZO DE 2004. *Publicada en la edicón N° 9 de la Revista Lawyer.*

poderes, la endémica angurria por la prebenda estatal de los líderes empresariales, propietarios de los medios de comunicación y, la predisposición de la prensa nacional a la mercenarización. Quienes más adelante y en conjunto, actuarán como poderosas marionetas fácticas en el siniestro proyecto.

2.   **Trampas en acción**:

Alberto Fujimori, premunido de esas poderosas armas, con un autogolpe de Estado el 5 de abril de 1992 dio el primer zarpazo letal a la democracia criolla y al pueblo peruano, instituyendo el inicio de una sanguinaria y corrupta dictadura. Al respecto, Elena Maculan, Investigadora del Instituto Universitario General Gutiérrez Mellado de Madrid, caracteriza así este acto criminal: "El llamado auto-golpe del 6 de abril de 1992 fue realizado por Fujimori, que ya era presidente en ese entonces, para subvertir la Constitución y disolver el Congreso y la Corte Suprema, que intentaban poner frenos a la deriva autoritaria y violenta del régimen. Tras las duras críticas recibidas por la comunidad internacional, en 1993 fue aprobada una nueva Constitución – que permitió entre otras cosas su reelección -, pero el gobierno siguió manteniendo los mismos rasgos autoritarios"[3].

---

[3] ELENA MACULAN ; *LA RESPUESTA A LAS GRAVES VIOLACIONES DE DERECHOS HUMANOS ENTRE DERECHO PENAL E INTERNACIONAL:* Observaciones sobre el caso Fujimori; Revista Electrónica de Ciencia Penal y Criminología. 2012, núm. 14-05, p. 05:1-05:32 – ISSN 1695-0194

Esta situación le permitió a Fujimori desembarazarse de la precaria vigilancia democrática, para emprender con absoluta libertad el uso privado del Estado y la perpetuación en el poder. José Honorio Martínez, en el artículo abajo citado nos dice esto: "La disolución del parlamento, la clausura del poder judicial y de los órganos de control y su reemplazo por cuerpos de funcionarios afines al gobierno, y la criminalización de la oposición permitieron al gobierno Fujimori acelerar el desenvolvimiento de su agenda"[4]. Para legitimar este acto criminal, blandiendo un subliminal lema de "pacificación nacional", con el apoyo cómplice de las Fuerzas Armadas y los serviles partidos políticos tradicionales, declarados por el propio Fujimori en el autogolpe, como incapaces; emprenderá la manufactura de una caricatura de Congreso Constituyente, irónicamente llamado Democrático.

Grosera verdad. Los mismos políticos criollos y serviles, defenestrados en el autogolpe, fueron elegidos como congresistas y acomodaron un proyecto constitucional a la medida de los protervos intereses del dictador y su mafia. Para dar apariencia democrática, obligaron al pueblo en una parodia de Referendo, aprobar aquella espuria Constitución Política de 1993. Luego, con el

---

[4] MARTÍNEZ, JOSÉ HONORIO; *NEOLIBERALISMO Y GENOCIDIO EN EL RÉGIMEN FUJIMORISTA,* Universidad Nacional Autónoma de México, México, JUNIO 2009. P.68. También se puede encontrar en: *file:///C:/Users/User/Downloads/Dialnet-NeoliberalismoYGenocidioEnElRegimenFujimorista-3066001.pdf*

amparo de esta bastarda Carta, pusieron en práctica una política de Estado, caracterizada por un control absoluto de la sociedad peruana; control que encubría la enajenación de la riqueza nacional, latrocinio, represión sanguinaria e innúmero de asesinatos, desapariciones, fosas comunes, torturas, vejaciones y esterilizaciones forzadas de mujeres, encarcelamiento de inocentes, en fin, delitos de lesa humanidad, corrupción criminal y saqueo del Perú.

3. **Alberto Fujimori atrapado en sus trampas:** Hasta que esta fatídica década, tras arruinar económicamente y lastimar al pueblo peruano, pareció llegar a su fin. Más por impacto de la inercia social, que el interés de políticos serviles en derrocar la dictadura, quienes durante la ignominia, supervivían su longa vida, como parásitos del fujimorismo. A paso lento, el colapso del dictador llegó. Los movimientos populares, rompieron el ostracismo en que la dictadura los había sumido; a ello se asociaron agrupaciones nuevas más que políticas, sociales, quienes repugnadas por la corrupción y el oprobio reinante, detectan y muestran al pueblo, pruebas contundentes de corrupción generalizada y crímenes de lesa humanidad. Lo más impactante y denigrante salió a luz; la vil calidad humana de "distinguidos líderes políticos, funcionarios y encumbrados empresarios", quienes a cuenta de su adhesión a la mafia, recibían dineros del Estado. Esto arrastró a una indignación nacional y, lógicamente, los conspicuos aliados que medraron del fujimorismo, bajo la premisa del *sálvese quien pueda,* unos pasaron a la oposición y otros, tránsfugas y cómplices, abandonaron el barco hasta nuevo aviso. En tanto, Fujimori tuvo que truncar temporalmente su siniestro proyecto político y, fugar al Japón, dejando el país, entrampado en una grave crisis política y económica. Desde Japón, en actitud displicente, vía Fax, se dirige al Presidente del Congreso, renunciando a la Presidencia de la República y el Estado peruano, carente de autoestima y cobarde resignación acepta; desde luego, los demócratas criollos del Congreso, siguieron su curso, cual si aquí no pasara nada y el cómplice de Fujimori, Vladimiro Montesinos, hizo lo suyo y distrajo el cotarro, huyó luego a Venezuela. Sobre Fujimori de quien venimos tratando, Kai Ambos, Catedrático de Derecho penal en la Universidad de Gotinga, resume con precisión así: "Alberto Fujimori, ingeniero y profesor de matemáticas de nacionalidad peruana y japonesa, fue elegido el 29 de julio de 1990 como político outsider en la presidencia del Perú. Después de la reelección en dos ocasiones (1995 y 2000), en su tercer mandato sólo estuvo hasta noviembre de 2000, debiendo abandonar el país, con rumbo hacia Japón, como consecuencia de un escándalo de corrupción. Desde allí, renunció el 17 de noviembre al cargo por medio de un fax"[5].

---

[5] AMBOS, Kai; *EL JUICIO A FUJIMORI: Responsabilidad de un presidente por crímenes contra la humanidad como autor mediato en virtud de un aparato de poder organizado.* En la REVISTA DE DERECHO PENAL Y CRIMINOLOGÍA, 3. a Época, N°. 5 (2011), págs. 229-272.

4. Democracia criolla y el retorno del dictador:

Ante esta catástrofe, el Estado constituido, improvisa un nuevo Presidente de la República y nomina al distinguido jurista Valentín Paniagua Corazao, quien preside un gobierno de transición. El Congreso de la República, como es de norma, siguió con sus funciones; es más, lidiando con la bancada fujimorista: políticos, engendrados y criados por la democracia criolla y, "clonados" por el fujimorismo, quienes sin salpicaduras de las fechorías que dejaba su jefe, a todas luces, venían coordinando el retorno de su líder, para la continuación del siniestro proyecto político, eventualmente truncado. Tan seguros de este propósito, la caterva fujimorista, hacía lo suyo para el retorno de su jefe. El 5 de noviembre del 2005, Alberto Fujimori dejó su refugio en Japón, para llegar de improviso a Santiago de Chile; donde protocolarmente fue detenido y estableció su eventual residencia. Mientras el Poder Judicial y las instancias correspondientes, esta vez, libres de ataduras y trampas de la mafia, siguieron el curso de sus acciones para expatriar y castigar a los delincuentes[6]. Hoy es evidente que tanto Fujimori, como Montesinos y sus secuaces, cumplen sentencias por delitos comunes y de lesa humanidad.

En sociedades donde la democracia es el horizonte del desarrollo humano, los actos que lastiman la dignidad y

---

[6] NOTA: Para corroborar y ampliar este tema léase: *La extradición de Fujimori: Un imperativo de justicia!* INFORME: Misión Internacional de Investigación. Federación Internacional de los Derechos Humanos FIDH n°449/3 Mayo 2006.

soberanía de un país, como los que cometieron Fujimori y su banda, son castigados como crímenes políticos o traición a la patria; inhabilitados a perpetuidad en el ejercicio político. El Legislativo del Estado peruano, donde se debe preservar incólume la majestad de la democracia, no sabríamos decir si por temor, o la seguridad de lograr alguna ventaja de este "pequeño fiasco democrático", se hizo de la vista gorda. Tras este tremendo perdón, o artera omisión, los derechos políticos de Fujimorí y los de su partido, quedaron indemnes y fortificados para la acción política, como inexplicable y mal precedente para la historia. Tal es así que en adelante sus seguidores, exhibiendo su apellido como símbolo de emulación, *fujimorismo*, actúan con denominaciones distintas como operadores de las consignas que su jefe ordena desde su prisión dorada; participan activamente en los eventos electorales del Perú y, promueven la continuación del *fujimorismo* como ideología.

CAPÍTULO II
CRÍMENES E IMPUNIDAD

1. Una institución peruana llamada impunidad
1.1. Antecedentes a la vista:

La impunidad, es el soporte de las dictaduras y gobiernos corruptos para ocultar su naturaleza y acción criminal y los ejecutan, amparados en el curso del tiempo, la aquiescencia de las leyes a la corrupción e indiferencia de los operadores del Estado. En los dos períodos de Alan García y en la dictadura de Fujimori, la impunidad fue una institución aceptada y consensuada. Bajo la figura legal de prescripción del delito, los delincuentes que robaron al Estado, cometieron crímenes de lesa humanidad, se enriquecieron ilícitamente y defraudaron al Estado; entrampan procesos o escapan del país y esperan que el tiempo transcurra, sus fechorías prescriban para seguir con la faena de siempre.

Si se caracteriza históricamente la política peruana tal como es, ésta siempre fue una secuela de tejemanejes, conocidos por nosotros el común de los ciudadanos, como criolladas; una cadena de mafias políticas organizadas al amparo de la ley, para utilizar al Perú como hacienda[7] . En el presente caso, la componenda APRA-fujimorismo, que empezó en 1990, benefició exclusivamente el entorno social de dos familias

---

[7] Quiroz, Alfonso W.;Historia de la corrupción en el Perú: IEP, Primera Edic. Lima 2013.

usuarias del Estado, que por cerca de 21 años, cometieron latrocinios y atrocidades repugnantes y como cosa natural, estos crímenes quedaron desactivados o entrampados en el poder judicial por acción del *Caballero don dinero*, los tentáculos de la política criolla o de los dos juntos; y como acto natural, en reciprocidad a la mano sucia de la política criolla, archivados y lacrados por siempre en el Congreso de la República; o, escamoteados por los tribunales del Perú, sentencias internacionales pendientes de ejecución, esperando que la historia las indulte.

1.2. *"La ley es como el cuchillo, no corta a quien lo tiene del mango":*

Desde el principio del contubernio APRA- fujimorismo, la protección y apañamiento mutuo de actos indignos, fue consentido por las élites de la clase política del Perú; en cambio, quiérase o no, los peruanos de a pie, humildes súbditos de la "democracia" corrupta, pese a sus protestas, vinieron legitimando "democráticamente" con sus votos a la cáfila de seres que de la política hacen una cueva de bandoleros. La lógica es la de siempre: *Quien gobierna hoy, legitima los crímenes de ayer, de hoy y el de mañana* y para mantenerse en el poder, hoy como ayer, seguirán arrojando migajas en forma de pequeñas obras a cuenta de votos. Aun así, el pueblo empobrecido, seguirá también esperando ilusionado el retorno del *mesías* japonés, al próximo "mesías" criollo o gringo y, volver a elegir al verdugo de siempre, para después, golpearse el pecho, olvidar el pasado cercano y seguir en lo mismo. Esto nos enseñó la democracia criolla en los cerca de doscientos años: ser súbditos y serviles de ella. Y esta propensión al servilismo súbdito no sólo es de ahora; recordemos de cómo el pensador peruano Don Manuel Gonzales Prada, allá en los 1888 caracterizaba así al peruano criollo de aquel entonces: "Si somos versátiles en amor, no lo somos menos en odio: el puñal está penetrando en nuestras entrañas i ya perdonamos al asesino. Alguien ha talado nuestros campos i quemado nuestras ciudades i mutilado nuestro territorio i asaltado nuestras riquezas, convertido el país entero en ruinas de un cementerio; pues bien, señores, ese alguien a quien jurábamos rencor eterno i venganza implacable, empieza a ser contado en el número de nuestros amigos, no es aborrecido por nosotros con todo el fuego de la sangre, con toda la cólera del corazón"[8]. Es más, evidencias como las citadas hasta aquí y las que vendrán después, en un país donde los poderes del Estado se encuentran secuestradas en manos corruptas, parafraseando al poeta argentino José Hernández (1834-1886): *la ley es como el cuchillo, no corta a quien lo tiene del mango.* Para graficar esta conclusión, la historia - solo como muestra-, ofrece los casos de Alan García, quien gobernó por un lapso de 10 años en dos

---

[8] MANUEL GONZÁLEZ PRADA; Discurso en el teatro Politeama de Lima, leído por un escolar cuando se hacía campaña pro-fondos para el rescate de las provincias cautivas de Tacna y Arica, 29 de julio de 1888.

períodos distintos y el de Alberto Fujimori por cerca de 11 años consecutivos. Ambos han dejado huellas horrendas y pendientes de castigo, denunciados por la Corte Interamericana de los Derechos Humanos (CIDH)[9]; pero, paradójicamente, gracias a los milagros de la democracia criolla, el primero pretendió un tercer período más y el segundo, desde su prisión dorada, dirige la captura del poder para instituir una sucesión dinástica. Entre los crímenes de lesa humanidad, cometidos por los indicados personajes, sin perjuicio de referir más adelante otros delitos, citamos los siguiente: Los casos de la matanza de presos en los penales, Caso Cayara, Caso Neira Alegría y otros, Caso Loayza Tamayo, Caso Castillo Páez, Caso Castillo Petruzzi y otros, Caso Cesti Hurtado, Caso Durand Ugarte, Caso Cantoral Benavides, Caso Barrios Altos, Caso Hermanos Gómez Paquiyauri, Caso De la Cruz Flores, Caso Huilca Tecse, Caso Gómez Palomino, Caso García Asto y Ramírez Rojas, Caso Baldeón García, Caso Penal Miguel Castro Castro, Caso La Cantuta, Caso Cantoral Huamaní y García Santa Cruz, Caso Anzualdo Castro, Caso Osorio Rivera y Familiares, y Caso J.[10]

---

[9] NOTA: Para mayor información sobre los crímenes de lesa humanidad, léase este documento: ORGANIZACIÓN DE LOS ESTADOS AMERICANOS: COMISIÓN INTERAMERICANA DE DERECHOS HUMANOS; D*emandas presentadas por la Comisión Interamericana de Derechos Humanos a la Corte Interamericana de Derechos Humanos.* 2004 volumen i. Secretaría general organización de los estados americanos 1889 F St. N.W. WASHINGTON, D.C. 20006. 2006.

[10]http://www.corteidh.or.cr/CF/Jurisprudencia2/busqueda_casos_contenciosos.cfm

1.3. Las esterilizaciones forzadas:

Otro caso horrendo que linda con el delito de genocidio promovido en el segundo gobierno de Alberto Fujimori y en el que la Sra. Keiko Fujimori, fungió de Primera Dama de la Nación, se cometió entre 1996 y 1998 a través del Programa de Salud Reproductiva y Planificación Familiar (1996-2000), donde sin consentimiento informado se violaron los derechos reproductivos de mujeres peruanas quechua-hablantes de bajos ingresos, a través de la ligadura de las trompas de Falopio; esterilizándo a cerca de 200,000 mujeres[11]. Este caso, que de haberse aplicado correctamente las leyes, los responsables debieran estar condenados a cadena perpétua. "Adicionalmente, en 1996, a través de la Resolución Ministerial N° 071-96 SA/DM, se aprobó el Programa Nacional de Salud Reproductiva y Planificación Familiar (1996-2000) cuya principal finalidad fue masificar el uso de métodos de planificación familiar, entre los cuales se encontraba la anticoncepción quirúrgica. Este programa se planteó lograr que el 100% de las pacientes que fueran atendidas institucionalmente en el parto o aborto, salgan de dicha atención habiendo iniciado algún método de anticoncepción. La promoción, implementación y realización de las políticas y metas relacionadas con dicho programa estuvieron a cargo del Ministerio de Salud, directamente. Es en virtud de este

---

[11] Defensoría del Pueblo, 2002, p. 145 (Cuadro no. 1). El Ministerio de Salud aparece como la fuente de las cifras. Esta ponencia está basada en mi tesis de Licenciatura en Historia por la Pontificia Universidad Católica del Perú: Lerner, 2010.

programa que miles de mujeres peruanas – sobre todo indígenas, de zonas de pobreza extrema y residentes de áreas rurales, periféricas urbanas, andinas y amazónicas del Perú - fueron sometidas a procedimientos quirúrgicos de esterilización sin mediar su consentimiento válido previo"[12].

Precisamente, la Comisión Interamericana de Derechos Humanas (CIDH), percibiendo que este crimen tenía visos de impunidad, tomó en sus manos el seguimiento, a cuya insistencia recién en el Perú, se abrió investigación contra los responsables. Aun así, bajo la presión del fujimorismo, el fiscal Marco Guzmán Baca emitió una resolución que disponía no formular denuncia penal contra el ex presidente Alberto Fujimori, tres ex ministros de salud y otros funcionarios acusados, aduciendo que no hubo intención criminal de esterilizar con el propósito de mutilar órganos o causar lesiones graves en las personas. Como colofón del crimen, los congresistas fujimoristas, entre los que se encontraba uno de los principales acusados, **influyeron en la dilución del caso,** quedando archivado el 22 de enero de 2014; pero están pendientes de atención con las insistencias de la **Comisión Interamericana de Derechos Humanas (CIDH).** Para corroborar lo dicho sobre este

---

[12] NOVOA CURICH, YVANA LUCÍA; *El archivamiento del caso "esterilizaciones forzadas": una mirada desde el Derecho Penal.* IDEHPUCP Instituto de Democracia y Derechos Humanos de la Pontificia Universidad Católica del Perú y Proyecto Anticorrupción. Lima-Perú. Véase también en: http://idehpucp.pucp.edu.pe/comunicaciones/opinion/el-archivamiento-del-caso-esterilizaciones-forzadas-una-mirada-desde-el-derecho-penal/

espeluznante genocidio, cito el resumen del artículo **VERDADES NO CONTADAS: LA EXCLUSIÓN DE LAS ESTERILIZACIONES FORZADAS DEL INFORME FINAL DE LA COMISIÓN DE LA VERDAD PERUANA** escrito por la Dra. Jocelyn E. Getgen, quien tras una investigación prolija dice así: "Este artículo sostiene que la exclusión de los casos de esterilización forzada de la investigación y del Informe Final de la Comisión de la Verdad borra, de hecho, la responsabilidad del Estado, y reduce notablemente las posibilidades de justicia y reparación para las mujeres víctimas-sobrevivientes de la violencia auspiciada por el Estado en el Perú (...). Además, este artículo sostiene que estas injusticias reproductivas sistemáticas constituyen un acto de genocidio; propone una investigación independiente y recomienda investigaciones e informes finales más inclusivos a futuras comisiones de la verdad cuyas metas incluyan la verdad, la rendición de cuentas y la justicia para todas las víctimas-sobrevivientes de la violencia auspiciada por el Estado. (...). Los dirigentes responsables de la esterilización forzada de más de 200.000 mujeres peruanas, incluido Fujimori, deben rendir cuentas por las violaciones del pasado, a fin de realizar plenamente la futura reconciliación y justicia en el Perú"[13].

---

[13] GETGEN, JOCELYN E. *Verdades no contadas: La exclusión de las esterilizaciones forzadas del informe final de la Comisión de la Verdad peruana.* (Art.) En:
http://www.verdadyreconciliacionperu.com/admin/files/articulos/745_dig italizacion.pdf

2. El narcotráfico y tráfico de armas en el gobierno de Alberto Fujimori:

La gama de delitos comunes que se cometieron fueron múltiples, emblemáticos y evidentes; pero la omnipotencia del Presidente Fujimori de ese entonces, convencido de la extrema peligrosidad que sus actos criminales le deparaba, mandó archivar y allí quedaron. Resumamos algunos de ellos:

2.1. El narcoavión:

Las oscuras relaciones delictivas con el narcotráfico salió a flote al haberse descubierto en el avión presidencial FAP DC8-62F Nº 371, el día 11 de mayo de 1996, a pocas horas antes del despegue programado del vuelo clasificado como "secreto", simulando llevar motores y equipos bélicos necesitados de mantenimiento en Rusia, un cargamento de 169.600 kilogramos de clorhidrato de cocaína, escondido en la bodega número 3 de dicho avión. Uno de sus tres pilotos era edecán de Fujimori. Sobre el asunto, nunca se supo dónde se compró la droga, ni quién era el destinatario. Si investigación hubo, fue para encapsular las inculpaciones y evitar llegar a los eslabones más altos de la cadena de narcotráfico. Un año después de la incautación de la droga, en julio de 1997, el entonces gobernante Alberto Fujimori, en un discurso público, exculpó a los oficiales de la tripulación del narcoavión. Uno de los exonerados por Fujimori era su edecán, parte de los tres pilotos del avión que iba transportar la cocaína. Desde ese momento, se inició una historia de encubrimientos y represalias cuyas consecuencias reverberan hasta hoy[14].

2.2. Los narcobuques:

Otros casos de narcotráfico, que comprometieron a la Marina peruana, fueron los hallazgos de droga en los llamados "narcobuques". El 3 de julio de 1996, en las estructuras del BAP Matarani, barco carguero de la Marina que se encontraba fondeado en aguas canadienses para recoger un cargamento de trigo; tras una pesquisa al barco peruano, las autoridades de Vancouver, descubrieron 28 kilos de cocaína escondidas. La nave y sus tripulantes fueron devueltas al Perú; pero antes de llegar a las aguas territoriales peruanas, la Policía Naval, decidió realizar una nueva requisa, y encontraron 69 kilos más de cocaína escondida en el mismo buque. Un día después de que estallara el escándalo del Matarani, en el BAP Ilo, fondeado a tres millas del puerto limeño del Callao, fueron encontrados otros 28 kilos de droga en un compartimiento cercano a la chimenea del barco. La Policía Naval, días después, volvió a intervenir y halló otros 25 kilos de cocaína camuflados en una bodega del mismo BAP.[15] En el proceso judicial que se siguió sobre estos casos, a pesar de que los tripulantes confesaron haber recibido la cocaína de los hermanos Ponce Fernández y camuflarlos

---

[14] MELLA, ROMINA; *Secretos del narcoavión*, IDL-REPORTEROS, 04 de junio de 2011: https://idl-reporteros.pe/secretos-del-narcoavion/

[15] http://www.eltiempo.com/archivo/documento/MAM-432711

en los compartimientos de los buques, los magistrados de la Tercera Sala Superior Penal del Callao resolvieron el asunto, sustentando que las declaraciones no eran suficiente para condenar a los denunciados y absolvieron a 9 de los implicados en los "narcobuques".[16] Al respecto, Alfonso W. Quiroz, opina así: "Las investigaciones judiciales y las declaraciones hechas por colaboradores eficaces permiten colegir que estos operativos fueron dirigidos por el mismo Montesinos. El asesor presidencial había ordenado el uso de naves, aviones y helicópteros militares en estrecha coordinación con Los Camellos y otros traficantes locales, ligados a los carteles de Tijuana y Medellín, para la exportación de drogas a México, España, Portugal, Italia, Bulgaria y Rusia".[17]

2.3. El tráfico de armas:

En el ambiente de la criminalidad el uso de los convencionalismos de: Estado, nación, leyes, fronteras, soberanía, banderas e ideología tienen un costo que pagar y con dinero sonante y contante. En la dictadura de Alberto Fujimori no tenía por qué ser distinto; el poder tenía costo y se cobraba ingentes sumas a quienes hacían uso de aquellos convencionalismos y el negocio, los administraba el ex asesor presidencial Vladimiro

---

[16] http://larepublica.pe/04-02-2007/tribunal-absuelve-9-del-caso-de-los-narcobuques-ilo-y-matarani

[17] QUIROZ, ALFONSO W.; *Historia de la corrupción en el Perú*: IEP Instituto de Estudios Peruanos. 1°Edición. Lima, mayo de 2013. P. 421.

Montesinos, por expresa delegación del Presidente de la República. Es el caso del tráfico de armas, donde el aparato encubierto de Montesinos, compró para el ejército Peruano al ejército jordano 10,000 fusiles automáticos AK-47 Kalashnikov usados; pero el fin era negociarlo a la guerrilla de la FARC. Para esta operación, utilizó al traficante de armas Libanés Sarkis Soghanalian. Cuando en agosto del año 2000 explotó este escándalo, se descubrió que efectivamente las armas se habían comprado para el ejército peruano, pero que el aparato de Montesinos los vendió a la guerrilla colombiana de la FARC, con una gran utilidad. Este fue el inicio de la fase final.[18] El periodista Ángel Páez del Diario La República, el 23 de enero de 2004, escribió un artículo con el título de "Montesinos negoció mil misiles antiaéreos SAM-7 para la FARC", en el que textualmente informa esto: "Vladimiro Montesinos Torres acordó comprarle al comerciante libanés Sarkis Soghanalian Kupelian 78 millones de dólares en armamento, que incluía 50 mil fusiles AK-47, un millar de misiles de fabricación rusa SAM-7, sofisticados equipos de comunicación y munición para abastecer a un ejército completo, reveló el proveedor a las autoridades judiciales estadounidenses. Soghanalian confesó que en enero de 1999, cuando se reunió en Lima en dos oportunidades con el entonces asesor del mandatario Alberto Fujimori, Montesinos pretendió entregarle 22 millones de dólares

---

[18] QUIROZ, ALFONSO W.; *Historia de la corrupción en el Perú*: IEP Instituto de Estudios Peruanos. 1ªEdición. Lima, mayo de 2013. P. 422.

en efectivo porque deseaba concretar en el acto la operación.

Ahora se sabe que el material de guerra tenía como verdadero destinatario las tropas de las Fuerzas Armadas Revolucionarias de Colombia (FARC), y no el Ejército peruano, como aseguró a Soghanalian el hombre fuerte del régimen fujimorista. También reveló Sarkis Soghanalian que al menos en una de las citas con el jefe de facto del Servicio de Inteligencia Nacional (SIN) estuvo presente José Luis Aybar Cancho, a quien Montesinos reiteradamente ha negado conocer durante los más de tres años de investigación del caso, de acuerdo con el documento obtenido por La República"[19].

2.4. Manejo indebido de las donaciones de la ONG Apenkai:

También existe el caso de las hermanas y el cuñado del sentenciado ex-presidente Alberto Fujimori: Rosa Fujimori y su esposo Víctor Aritomi, quienes afrontan dos procesos, uno por manejo indebido de las donaciones de la ONG Apenkai y otro por enriquecimiento ilícito.

Se les imputa haberse apropiado conjuntamente con el entonces presidente Fujimori, las donaciones japonesas

---

[19] http://larepublica.pe/23-01-2004/montesinos-negocio-1000-misiles-antiaereos-sam-7-para-las-farc

para fines asistenciales a favor de la gente pobre del Perú. Aritomi y Rosa Fujimori están acusados como cómplices del delito de peculado simple y agravado y por asociación ilícita para delinquir. Desde noviembre del año 2006 pesa una acusación fiscal que propone 10 años de prisión efectiva para los dos, tres años de inhabilitación y el pago de 500 mil soles de reparación civil. Además Víctor Aritomi, tiene otro proceso, se le acusa de registrar, separar y desaparecer junto a Alberto Fujimori, todas las pruebas que los involucraban en actos ilícitos. Procesos que se encuentran reservados por estar los implicados en condición de no habidos[20]. Y esta condición deviene desde cuando la mafia fujimorista de aquel entonces, entró en una crisis inesperada con la aparición de pruebas de delitos cometidos, que los obligó a una estampida rápida y oportuna de los Fujimori con destino al Japón, país de sus orígenes, para poner a buen recaudo la riqueza mal habida en el Perú. Rosa Fujimori fue la primera en huir el 24 de octubre de 2000; luego, Juana Fujimori, el 11 de noviembre del mismo año. Víctor Aritomi y su cuñado Alberto Fujimori, Presidente del Perú de entonces, pretextando asistir a un evento internacional, escaparon el 13 de noviembre. Todos con destino a Tokio. El último en

---

[20] Nota: Síntesis de la entrevista realizada por la periodista del diario La República, María Elena Hidalgo al Fiscal Pedro Gamarra: Tomado de: http://larepublica.pe/27-03-2011/si-los-tios-de-keiko-fujimori-son-profugos-de-la-justicia

marcharse, el 25 de febrero de 2004, fue Pedro Fujimori[21].

3. Las deudas de la corrupción fujimorista:

Tras el derrumbe de la *"camarilla Fujimori-Montesinos-militares",* el poder político cambió substancialmente de manos. Un gobierno democrático de transición, toma la posta y enrumba al Perú hacia su esencia democrática y el poder judicial, hace lo suyo. La primera preocupación del Estado era que los hechos criminales cometidos por la mafia durante la década de la ignominia, no quedara consumada, olvidada y lacrada en el tiempo con la coraza de la omnipotencia del dictador. En efecto, los escándalos de corrupción generalizada, salieron a la intemperie en todo el Perú; tal que el poder Judicial, esta vez, libre de ataduras mafiosas y presiones políticas, emprendió a investigar, procesar y castigar a los delincuentes. En esta ocasión, se podría decir que por primera vez en la historia del Perú, el poder judicial puso al descubierto del mundo, realidades como estas: 1) la calidad de la zahorra humana, que por más de una década, usó al Estado como propiedad privada; lastimó al pueblo peruano y

---

[21] Páez, Ángel y Muñóz, L.; *Lo que Keiko Fujimori oculta: Rosa, Juana y Pedro Fujimori sí son prófugos de la justicia.* (Artículo) Tomado de: http://larepublica.pe/impresa/en-portada/709678-lo-que-keiko-oculta-rosa-juana-y-pedro-fujimori-si-son-profugos-de-la-justicia. Edición Impresa del 12 de Octubre de 2015

robó sus recursos; y 2) sentenció a los delincuentes con carcelería y resarcimiento por los daños causados al Estado. Ironías propias del sistema, los sentenciados purgan sus penas de carcelería y hasta hay uno, que cuando le place, ejerce sus derechos políticos desde la *prisión dorada*; pero ninguno de ellos ha resarcido sus deudas al Estado. Precisamente en este ítems, se mostrará al lector la magnitud de la deuda al Estado que la dictadura de Fujimori dejó en sus vejaciones y latrocinios a la sociedad peruana, sin incluir las reparaciones que el Estado peruano tiene que asumir para resarcir los daños que ocasionó los actos criminales de Fujimori a la población afectada. Para sustentar este tema, acudo a los resultados de las investigaciones de la periodista Rocío Romero Benites, quien el 04 de junio de 2016, publicó en OjoPúblico.com, un informe con el título de *"Las millonarias deudas de la corrupción fujimorista"*. La distinguida periodista resume sus investigaciones así: "Las deudas por reparaciones civiles de todos los condenados por corrupción entre el año 2000 y el 2015 ascienden a S/. 1.963'592.000. De este monto, el 99,9% (S/. 1.961'629.000) corresponde a las deudas de 200 funcionarios públicos o terceros responsables del gobierno de Fujimori involucrados en delitos de peculado, abuso de autoridad, asociación ilícita para delinquir, cohecho, enriquecimiento ilícito, defraudación tributaria, homicidio calificado y otros"[22]. Sin duda, la síntesis que acabamos de citar es el

---

[22]   http://ojo-publico.com/242/las-millonarias-deudas-de-la-corrupcion-fujimorista

resultado de una larga pesquisa periodística de investigación que ella misma nos lo dirá en estos términos: "¿Quiénes son los que más deben? **Ojo-Publico.com** elaboró un ranking de los mayores deudores a partir de los registros extraídos del portal público del Ministerio de Justicia y Derechos Humanos, actualizados a noviembre del 2015".[23] Con esta atingencia, prestándonos los datos ofrecidos por Ojo-Publico.com[24], para que los lectores se informen de quiénes son los deudores y cuánto deben, a continuación resumo tales detalles:

La deuda total que los sentenciados por corrupción durante la dictadura de Fujimori, estaban obligados pagar al Estado peruano, asciende a S/. 1.963'592.633. Este monto global es la suma de las deudas de todos los sentenciados. Esta información que nos ofrece la fuente citada, hemos de desagregar y resumir así:

- **Alberto Fujimori Fujimori:** adeuda la suma de S/. 27'460.216, que corresponden al pago de reparaciones civiles y **significa** el 1.4% de la deuda total. Está sentenciado a 25 años de cárcel por delitos de allanamiento ilegal de la casa de Trinidad Becerra (esposa de Montesinos) para apropiarse de los 'vladivideos'; el espionaje contra opositores al régimen; la compra de líneas editoriales a medios de comunicación; el pago a

---

[23]   http://ojo-publico.com/242/las-millonarias-deudas-de-la-corrupcion-fujimorista

[24]   http://ojo-publico.com/242/las-millonarias-deudas-de-la-corrupcion-fujimorista

congresistas tránsfugas para obtener mayoría en el Congreso; y el millonario pago de CTS (Compensación por Tiempo de Servicio) a su asesor Vladimiro Montesinos. Fujimori no ha pagada aún nada de esta deuda. Ironías de la justicia peruana, sobre la compra de las líneas editoriales o llamados *diarios chicha,* referido líneas atrás de este items; el 16 de agosto de 2016, la Corte Suprema de Justicia del Perú, ante la indignación de propios y extraños, absolvió al sentenciado Alberto Fujimori, como autor mediato en la compra de las líneas editoriales que beneficiaron directamente a su reelección presidencial como jefe de Estado[25]. Consecuentemente, al monto que adeuda Fujimori habría que deducir los 3 millones de soles, que el mismo poder judicial sentenciara el 8 de enero del 2015.

- **Vladimiro Montesinos Torres:** Ex asesor presidencial de Alberto Fujimori y exjefe del Servicio de Inteligencia Nacional (SIN), adeuda la suma de S/. 546'689.846, monto que equivale al 27.8% de la deuda total y es el mayor deudor del Estado, por este concepto. Está sentenciado por varios casos de corrupción, entre ellos el desvío de

---

[25] CORTE SUPREMA DE JUSTICIA DE LA REPÚBLICA; Sentencia: Sala Penal Permanente R.N.N°615-2015. LIMA. En: https://es.scribd.com/document/321388088/RECURSO-DE-NULIDAD-615-2015#from_embed

fondos de la institución y el desfalco masivo a la Caja de Pensiones Militar Policial.

- **Nicolás de Bari Hermoza Ríos:** Exjefe del Ejército, adeuda al Estado la suma de S/. 28'574.071, que significa el 1.5% del monto total. Fue sentenciado por varios delitos de corrupción como el saqueo de los fondos del Estado destinados a la adquisición de armas.

- **Elesván Eduardo Bello Vásquez:** Excomandante general de la FAP, adeuda S/. 31'716.049 que representa al 1.6% de la deuda total. Sentenciado por desvió dinero de las Fuerzas Aéreas del Perú para promover la segunda reelección de Alberto Fujimori.

- **César Enrique Saucedo Sánchez:** Excomandante general del Ejército tiene una deuda de S/.19'289.058, que significa el 1% del total. Se enriqueció ilícitamente con dinero del Gobierno por medio de la compra irregular de aviones de guerra. Involucró a sus familiares en el ocultamiento del dinero.

- **José Guillermo Villanueva Ruesta:** Excomandante general del Ejército, adeuda: S/. 32'697.639, suma que significa el 1.7% del total. Sentenciado por diversos casos de corrupción, como enriquecimiento ilícito con robo al Estado a través de licitaciones para la compra de armamento del Ejército.

- **Humberto Guido Luis Rozas Bonuccelli:** Exjefe del Servicio de Inteligencia Nacional (SIN), adeuda S/. 36'271.753 suma que es el 1.8% del total. Entre sus varias sentencias, fue condenado por usar indebidamente los fondos del Estado para favorecer la tercera reelección de Alberto Fujimori.

- **José Enrique Crousillat López:** Entonces propietario de América Televisión, debe S/.79'604.868, que significa el 4.1% del total. Vendió la línea editorial a favor del gobierno fujimorista cuando fue dueño de la Compañía Peruana de Radiodifusión (América Televisión).

- **José Francisco Crousillat Carreño:** Expropietario de América Televisión, adeuda S/.79'814.387, que equivale al 4.1% del total. Es hijo de José Crousillat López, vendió la línea editorial de la Compañía Peruana de Radiodifusión (América Televisión) para publicitar al gobierno de Fujimori.

- **Kenny Dante Valverde Mejía:** Ex asesor jurídico de la Caja Militar Policial, debe S/. 104'668.337 y significa el 5.3% del total. Fue cómplice en el desfalco de la Caja de Pensiones Militar Policial, por medio de la creación de un estudio jurídico que cobraba millones de soles a la institución por asesorías.

- **César Enrique Victorio Olivares:** Exgerente general de la Caja Militar Policial, adeuda S/. 105'165.957, que equivale al l 5.4%. Como funcionario en la época fujimorista, participó en el robo de los fondos de la Caja de Pensiones Militar Policial a través de la compleja red que constituyó Montesinos.

- **María Trinidad Becerra Ramírez:** Esposa de Vladimiro Montesinos, adeuda S/. 148'695.998 que representa al 7.6% de la deuda total. Sentenciada por enriquecimiento ilícito. Poseía cuentas bancarias en el extranjero al igual que su esposo Vladimiro Montesinos, con dinero proveniente del Estado.

- **Juvenal Mendivil Dávila:** Entonces testaferro de Vladimiro Montesinos, debe S/. 149'998.880, monto que significa el 7.6% del total. Primo hermano de la esposa de Juan Silvio Valencia Rosas. Fue pieza clave para el retiro fraudulento de dinero de los fondos de la Caja de Pensiones Militar Policial.

- **Juan Silvio Valencia Rosas:** Extestaferro de Vladimiro Montesinos, adeuda S/. 154'249.800 y es el 7.9% del total. Participó como testaferro en el robo a los fondos de la Caja de Pensiones Militar

Policial a través de la constitución de empresas que recibían dinero de la institución.

- **OTROS DEUDORES:** Con este término, la entidad productora de esta información ya citada aquí, identifica a las deudas de 150 personas que cometieron delitos de corrupción durante el régimen de Alberto Fujimori, que en conjunto asciende a S/. 110'070.412 y equivale al 5.6% de la deuda total, los que a continuación se resume así:

- **Manuel Máximo Vara Ochoa:** Su deuda asciende a S/. 17'250.000. Fue sentenciado porque empleó indebidamente el dinero del Estado para favorecer una tercera reelección de Alberto Fujimori, a través de publicidad y aprovechando su cargo como funcionario.

- **Antonio Cabello Cruz:** Empresario textil cuya deuda es S/. 16'500.000. Fue sentenciado por peculado; recibió dinero del Servicio de Inteligencia Nacional (SIN) para promover una tercera reelección del gobierno fujimorista.

- **Erlinda Claudia Sánchez Franco:** Empresaria textil que debe S/. 16'500.000. Sentenciada por peculado. Esposa de Antonio Cabello; recibió dinero del Servicio de Inteligencia Nacional (SIN) para promover una tercera reelección del gobierno fujimorista.

- **María Delia Vergara Pérez:** Entonces alcaldesa de Chaclacayo adeuda S/. 16'500.000. Organizó la distribución de material publicitario, a favor de la campaña presidencial de Alberto Fujimori, en comedores populares y en vasos de leche.

- **Rosa María Sánchez Franco:** Empresaria textil que adeuda S/. 16'500.000. Fue sentenciada por peculado; recibió dinero del Servicio de Inteligencia Nacional (SIN) para promover una tercera reelección del gobierno fujimorista.

- **Víctor Alberto Venero Garrido:** Ex testaferro de Vladimiro Montesinos, debe S/. 14'321.995. Personaje clave en el desfalco a la Caja de Pensiones Militar Policial como testaferro de Montesinos. También fue proveedor del Estado en la venta de armas de guerra.

- **Víctor Dionisio Joy Way Rojas:** Entonces Ministro de Economía, adeuda S/. 10'700.000. Cumplió 8 años de cárcel por colaborar con Fujimori en la implementación de decretos supremos para favorecer la importación de productos chinos, a través de varias empresas. Actualmente está libre, pero, aún no ha pagado sus deudas con el Estado.

- **Luis Alberto Meza Rodríguez:** Extécnico del Ejército, adeuda S/. 10'000.000. Fue sentenciado por sus vínculos en el tráfico de armas proveniente de Jordania para ser entregadas a las Fuerzas Armadas Revolucionarias de Colombia (FARC).

- **Luis Frank Aybar Cancho:** Exteniente que adeuda S/. 10'000.000. Estuvo involucrado en la adquisición de fusiles provenientes de Jordania que luego fueron vendidos a las Fuerzas Armadas Revolucionarias de Colombia (FARC).

- **Brichani Wilford Aybar Cancho:** Hermano de José y Luis Aybar Cancho, adeuda S/. 10'000.000. Participó en el tráfico de armamento proveniente de Jordania que luego fue vendido a las Fuerzas Armadas Revolucionarias de Colombia (FARC).

- **Nicolás de Bari Hermoza Quiroz:** Hijo del general Nicolás Hermoza Ríos, debe S/. 10'000.000. Fue cómplice de su padre, el exjefe del Ejército Nicolás Hermoza Ríos, al ocultar en cuentas bancarias del extranjero dinero proveniente de compras irregulares de armas de guerra.

- **Santos Cenepo Shapiama:** Ex instructor de paracaidismo en el Ejército, adeuda S/. 10'000.000. Vinculado al tráfico de fusiles adquiridos a Jordania y vendidos a las Fuerzas Armadas Revolucionarias de Colombia (FARC) en 1999.

- **Charles Acelor Cokeran:** Comerciante que debe S/. 10'000.000. Estuvo vinculado al tráfico de armamento para las Fuerzas Armadas Revolucionarias de Colombia (FARC) que fue adquirido de Jordania, bajo el mando de Vladimiro Montesinos.

- **José Luis Aybar Cancho:** Exteniente que debe S/. 10'000.000. Junto a su hermano Luis Aybar se involucró en la venta de armas de guerra a las Fuerzas Armadas Revolucionarias de Colombia (FARC), luego de que el gobierno fujimorista las adquiriera de Jordania.

- **Luis Jorge García Tamariz:** Empresario que adeuda S/. 9'999.850. Sentenciado por sus vínculos con el transporte de armamento adquirido de Jordania que luego fue vendido a las Fuerzas Armadas Revolucionarias de Colombia (FARC).

- **Juan Manuel López Rodríguez:** Traductor, cuya deuda es S/. 9'996.650 Actuó como intermediario en la compra de armamento proveniente de Jordania que posteriormente fue enviado a las Fuerzas Armadas Revolucionarias de Colombia (FARC).

- **Juana Luisa Quiroz Bocanegra:** Esposa de Nicolás Hermoza Ríos, adeuda S/. 9'995.000. Fue sentenciada por enriquecimiento ilícito con dinero proveniente de la adquisición irregular de armas de guerra, por parte de su esposo Nicolás Hermoza Ríos, exjefe del Ejército.

- **Carla Eleonora Hermoza Quiroz:** Hija del exjefe del Ejército Nicolás Hermoza Ríos, ella adeuda S/. 9'968.071. Fue cómplice al ocultar dinero en sus cuentas del exterior, proveniente de la adquisición irregular de armamento de guerra.

- **Julio Rolando Salazar Monroe:** Exjefe del Servicio de Inteligencia Nacional (SIN), adeuda S/. 7'336.801. Participó en la conformación del Grupo Colina y en el desvió de dinero del Servicio de Inteligencia Nacional (SIN) hacia la presidencia.

- **María Angélica Arce Guerrero:** Exsecretaria de Vladimiro Montesinos, adeuda S/. 5'999.600. Entregó dinero a políticos y empresarios por órdenes de su exjefe Montesinos, con el fin de sobornarlos para que apoyaran la reelección de Alberto Fujimori.

- **Mario Ricardo Arbulú Seminario:** Entonces coronel del Ejército, adeuda S/. 5'506.555. Fue testaferro del exministro del Interior fujimorista José Villanueva Ruesta en la compra de armamento para el Estado a precios sobrevalorados.

- **Orlando Montesinos Torres:** Hermano de Vladimiro Montesinos, adeuda S/. 5'000.000.

Condenado por enriquecimiento ilícito. Transfirió al exterior millones de dólares provenientes del gobierno fujimorista.

- **Óscar Eliseo Medelius Rodríguez:** Excongresista, adeuda S/. 5'000.000. Lideró la masiva falsificación de firmas para favorecer una tercera candidatura presidencial de Alberto Fujimori, a través del movimiento político Perú 2000.

- **Ricardo Alberto Sotero Navarro:** Exgeneral del Ejército, adeuda S/. 5'000.000. Sentenciado por enriquecimiento ilícito mientras era general del Ejército peruano. Recibió dinero de Montesinos para apoyar la tercera reelección de Alberto Fujimori.

- **Marina Mercedes Arana Gómez:** Familiar de Ricardo Sotero Navarro, adeuda S/. 5'000.000. Se enriqueció ilícitamente con el dinero que el ex general del Ejército Ricardo Sotero obtuvo de Montesinos, mientras laboraba para el Estado.

- **Abel Alberto Muñoz Saenz:** Abogado, adeuda: S/. 4'999.980. Fue cómplice de Vladimiro Montesinos en el caso de tráfico de influencias en el Poder Judicial.

- **Walter Ramón Jave Huangal:** Exdirector del Comando de Logística del Ejército, adeuda S/. 4'999.600. Recibió dinero de Vladimiro

Montesinos proveniente del Servicio de Inteligencia Nacional (SIN).

- **Luis César Abt Torres:** Excoronel del Ejército, adeuda S/. 4'953.875. Fue el secretario personal del exgeneral Hermoza Ríos y sentenciado por peculado en agravio del Estado.

- **Antonio Américo Ibárcena Amico:** Excomandante general de la Marina, adeuda: S/. 4'922.040. Se enriqueció ilícitamente con dinero del Estado. A su esposa se le detectó más de un millón de dólares en una cuenta de Panamá.

- **Juan Fernando Dianderas Ottone:** Exdirector de la Policía, adeuda S/. 4'811.268. Obligó a miembros de Policía Nacional del Perú a firmar las de actas de sujeción al gobierno de Alberto Fujimori tras el autogolpe de 1992.

- **Roberto Huamán Azcurra:** Excoronel del Ejército, debe S/. 4'713.081. Hombre de confianza de Montesinos y miembro del Grupo Colina. Grabó las reuniones que este sostuvo en el Servicio de Inteligencia Nacional (SIN) donde sobornaba a políticos y empresarios.

- **Miguel Ángel Gómez Rodríguez:** Exgeneral del Ejército, debe S/. 4'317.091. Administró el dinero del exgeneral Hermoza Ríos que obtuvo ilícitamente. Su patrimonio creció considerablemente mientras ejercía esa función.

- **César Alberto Saucedo Linares:** Hijo de César Saucedo Sánchez, adeuda S/. 4'230.868. Recibió y se benefició del dinero que su padre César Saucedo Sánchez obtuvo ilícitamente del Gobierno fujimorista mediante la compra irregular de armamento de guerra.

- **Óscar Enrique Dufour Cattaneo:** Publicista, adeuda S/. 3'994.000. Participó en la entrega de dinero a los directores de los 'diarios chicha´ para difamar a opositores del régimen de Fujimori y en la entrega de US$ 15 mil al excongresista Alberto Kouri, por parte de Montesinos.

- **Annie Jaqueline Saucedo Linares:** Hija de César Saucedo Sánchez, ella debe S/. 3'992.395. Fue cómplice de su padre César Saucedo Sánchez al ocultar, en cuentas bancarias del extranjero, millones de dólares provenientes de los fondos del Estado.

- **Jenny Rossemary Saucedo Linares:** Hija de César Saucedo Sánchez, ella adeuda S/. 3'991.807, al igual que los otros hermanos Saucedo, se benefició con dinero obtenido ilícitamente por la compra irregular de armamento de guerra.

CAPÍTULO III
LEGITIMANDO EL USO PRIVADO DEL ESTADO

1. Alberto Fujimori en la historia de la corrupción:

La anomía expuesta hasta aquí, hace sobrentender que Alberto Fujimori es tan o más poderoso que el propio Estado peruano; que como más adelante se mostrará, desde donde anduvo y donde está hoy, controla la política peruana. Es más, mantiene en actividad por largo período a un partido político que lo promueve y, por añadidura, maneja las interrelaciones con los medios sociales, políticos y logísticos, por lo lógico, requiere de una inmensidad de recursos monetarios en acción; cuya magnitud y orígenes, suponemos que solo Alberto Fujimori y su entorno saben. Como esta situación divaga en los límites del misterio y por ello mismo, surgen obligadas interrogantes que requieren respuestas: ¿Cuál es la magnitud exacta de los recursos económicos con que cuenta el fujimorismo, que le posibilitaron mantener la estadía de Alberto Fujimori en Japón, el viaje de retorno hasta Chile, la estadía y su defensa en este país vecino, hasta su extradición? ¿Cuánto le cuesta a Fujimori mantener en acción partidos políticos que para cada evento electoral cambia de denominación y derrocha fortuna incalculable en defenderlo? ¿Si son recursos propios del Señor Fujimori, de dónde y cómo logró ingresos fabulosos, sabiendo que en condiciones razonables el ahorro de sus ingresos mensuales de diez años como Presidente de la República, no justifican tales gastos; es más, purga una condena en la cárcel? En otras palabras, si bajo nuestro ingenuo entendimiento el Sr. Fujimori fuera prestatario, ¿cómo pensará pagar tremenda deuda? Y ¿cómo es que la política peruana le puede rentar tanto para saldar tamaña deuda? Es más, si el Sr. Alberto Fujimori, emprendió esta larga, trabajosa y costosa empresa política, no lo está haciendo por altruismo o patriotismo; sino, fría y milimétricamente calculado en sus costos, recuperación y beneficios.

Estas interrogantes planteadas aquí, presumo que se han hecho muchos peruanos que piensan; sin embargo, para quienes sempiternamente alternan la administración del Estado y los rentan a su turno como propiedad privada; tales interrogantes, serán consideradas como ingenuidades de peruanos poco democráticos. Para pensar así, no se sorprendan, razones tienen, muchas y sobre todo, si revisamos la historia desde lo muy cercano, hasta lo medianamente lejano. Sin duda, este estilo o forma criminal de gobernar al Perú fue una institución consensuada y consentida por las clases políticas criollas, desde cuando el Perú se llamó República. La lógica es sencilla: *hoy gobiernas tú, mañana me corresponde*. De ahí que lo que Fujimori hizo en la década de la *ignominia* (1990-2001), lo hizo García Pérez; amparado por la complicidad "democrática" en sus dos períodos gubernativos (1985-1990 y 2006-2011), Augusto B. Leguía (1919-1930), con la diferencia que éste, murió pobre en la cárcel y la plutocracia a quienes promovió, sigue en sucesión hereditaria hasta hoy y, el General José Rufino Echenique (1851 – 1854), de quien hasta antes de Fujimorí, la historia lo consideraba como el Presidente más corrupto del Perú. Ejemplos como los citados, son sólo perlas relucientes de la corrupción instituida por el Estado y obligadamente consentida por la sociedad. La diferencia entre los citados corruptos y Alberto Fujimori, radica en que este, modernizó la corrupción, utilizando las aparentes debilidades de la democracia formal y sus instituciones, para succionar recursos de las arcas fiscales con múltiples ventosas en beneficio propio y, afianzar económicamente a una estructura política "hereditaria" en el poder, por largo tiempo. Con este propósito retornó del Japón y desde su residencia en Santiago de Chile, anunció su candidatura a la Presidencia del Perú en las elecciones de 2006, encabezando su nueva agrupación política, denominada Alianza por el Futuro (AF), que en buena cuenta son las iniciales de Alberto Fujimori.

2.   Keiko Fujimori, ensayando la sucesión en el poder: 2006-2011.

La aspiración de Alberto Fujimori en el año 2006 no prosperó al ser rechazada su inscripción; pero, posibilitó que su partido político, participara en el proceso electoral y lograra que 13 de los suyos, sean electos como congresistas para el período 2006-2011; entre ellos, su hija y ex primera dama de la nación Sra. Keiko Sofía Fujimori Higuchi, quien accedió al Congreso con mayoritaria votación. Con este hecho, desdibujó ante la sociedad la condición criminal de Alberto Fujimori y pasar a la de un perseguido político; y el Estado peruano, institucionalizó su vigencia política. Paradojas del Estado criollo, ¿verdad?: el poder judicial condena al criminal y el poder político desdice las sentencias del primero; o como viene ocurriendo ahora, el Poder Judicial, ejerciendo su majestad, sentenció al criminal y, amparado en el devenir del tiempo y las circunstancias políticas reinantes, se le absuelve.

El acceso de la Sra. Fujimori Higuchi y su partido al Congreso de la República, sin duda, fue uno de los logros más trascendentales de la estrategia de Alberto Fujimori, en la visión de recuperar el poder, cuyo primer objetivo fue mostrar ante la sociedad, que el Estado peruano es un implacable perseguidor *"de un inocente: vencedor de la guerra terrorista y víctima del odio político"*. Desde entonces para Alberto Fujimori, en alianza con el gobierno de turno, el Congreso de la República (2006-2011) fue un espacio político suyo. Y los congresistas de Fuerza Popular, más las bancadas proclives a la componenda, se tornaron en sus herramientas de manipulación política. De modo que en este período congresal, la congresista Keiko Fujimori se dedicará exclusivamente a ejecutar y monitorear las pautas de la estrategia diseñada por su padre desde la prisión. Es decir, acuerdos, pactos, componendas, enlaces y compromisos con las bancadas al interior del Congreso, con el exclusivo propósito de legitimar a su padre como un perseguido político.

Para Alberto Fujimori este período, era coyuntura clave para cobrar deudas políticas pasadas, sobre todo del APRA. Y esto, se dio así, Alan García había ganado en segunda vuelta las elecciones presidenciales del 2006 a Ollanta Humala; pero esta ganancia, no significaba mayoría en el Congreso. Unión por el Perú (UPP), vientre de alquiler de Humala, contaba con 45 congresistas y eran oposición; el APRA, solo tenía 36 escaños, para poder gobernar el país, necesitaba conformar mayoría, aliándose con bancadas más proclives al entreguismo, entre los que se encontraban los 17 congresistas de Unidad Nacional y, los 13 legisladores fujimoristas que esperaban esta coyuntura.

El Diario El Comercio de Lima el 20 de febrero del 2011 publicó un artículo de la periodista Débora Dogo Soria, con el título de **Wikileaks: Keiko Fujimori dio detalles de su acuerdo con el Apra,** en ese informe da cuenta que el fujimorismo sabedor de la urgencia aprista, a pocos días que García jurara como presidente, los ya electos congresistas: Keiko y Santiago Fujimori, acompañados de Jaime Yoshiyama, se enlazaron con los funcionarios de la Embajada de los Estados Unidos en Lima, para comentarles su estrategia política de apoyo al APRA a cambio de que el Gobierno de García, acabe con la "persecución política" emprendida en el gobierno de

Alejandro Toledo, contra los fujimoristas e "imparcialidad" en el juicio y proceso de extradición contra el ex presidente Alberto Fujimori, detenido desde noviembre del 2005 en Chile. Los fujimoristas allí presentes, exigieron además que el APRA debilitara al humalismo para que gobernara sin dificultades. Es más, tío y sobrina, reconocieron que García y el APRA eran expertos en negociar con otros partidos y que anteponían a la perfección la conveniencia política sobre la ideología y la moral.

Tras aquellos acuerdos, las relaciones políticas y operativas: APRA-Fujimorismo al interior del Congreso de la República y del ejecutivo, funcionaron a la perfección, cual una coalición de beneficios mutuos. Por un lado, García contaba con el apoyo del fujimorismo en la aprobación de leyes desnacionalizadoras y corruptoras, bloqueo de censuras, acusaciones constitucionales, inviabilización de comisiones investigadoras, archivamiento de informes y conclusiones que comprometían al partido aprista y en especial a Alan García. Y por otra parte, el fujimorismo, consecuente a su estrategia de victimizar a Alberto Fujimori ante la sociedad y mantener con ello, presencia política en un sector de la población nacional, lograba rápidamente réditos concretos y sostenibles para el fujimorismo, como es el caso del canje del régimen penitenciario laxo para Alberto Fujimori. Gracias a este canje fue recluido en una celda especial en el fundo Barbadillo, conocida como *cárcel dorada,* desde donde dirige a su organización política sin restricciones penales; esto, a cuenta de apoyar con votos de congresistas fujimoristas al APRA y garantizar el control de la Mesa Directiva del Congreso por este partido y, apoyar en la exculpación de funcionarios apristas del caso 'petroaudios'[26]. De este contubernio APRA-Fujimori, el biógrafo (a) de la Sra. Fujimori, ratifica y dice: "Durante el Gobierno aprista de Alan García, al que prestó apoyo parlamentario, esta joven legisladora de estirpe nipona se dedicó a defender la honorabilidad y el legado de su padre, hasta 2015 cinco veces juzgado y condenado, luego de su extradición en 2007, a un total de 52 años de cárcel por múltiples delitos de corrupción y lesa humanidad, y a construir un nuevo partido, Fuerza 2011, para postularse a las presidenciales que el país andino celebraba en abril de ese año"[27].

3. Lo que dejó la Sra. Keiko Fujimori a su paso por el Congreso de la República (2006-2011):

A continuación hemos de referir hechos concretos sobre el paso de Keiko Fujimori, por el Congreso de la República:

---

[26] Síntesis de: http://elcomercio.pe/politica/gobierno/wikileaks-keiko-fujimori-dio-detalles-su-acuerdo-apra-noticia-716493. Para leer el contenido de los documentos de la embajada estadounidense, haga clic en los siguientes enlaces: cable N° 68387 y cable N° 60170, que aparecen en este sitio y documento.

[27] KEIKO FUJIMORI HIGUCHI (Keiko Sofía Fujimori Higuchi) Perú, candidata presidencial (2011-2016). p.1. http://www.cidob.org.

3.1. ¿Quién costeó los estudios de Keiko Fujimori y sus hermanos en USA?

El financiamiento de los estudios de Keiko Fujimori y sus hermanos en los EE UU, demostrados, tanto en el fuero político, como judicial, que fueron costeados con dineros del Estado peruano por un monto de 1 millón 225 mil dólares USA. El fujimorismo, haciendo uso del poder a su disposición, mandó archivar tanto en el Congreso, como en la Fiscalía de la Nación. Al respecto, la periodista María Elena Hidalgo del diario La República, el 20 de julio de 2010, en una nota suya (artículo) sintetiza sus investigaciones y concluye en lo siguiente: "Los fiscales Jaime Schwarz y Jorge Cortez pasaron por alto las conclusiones del informe de los peritos de la Contraloría General de la República que detectaron que el ex presidente Alberto Fujimori gastó US$ 1 millón 225 mil por los estudios de sus hijos Keiko, Hiro, Sachi y Kenyi en los Estados Unidos"[28]. El ex Fiscal Avelino Guillén, 11 de mayo del 2016, en una Conferencia de Prensa, explicó "que el ex asesor presidencial fujimorista Vladimiro Montesinos ha declarado que con dinero del Servicio de Inteligencia Nacional (SIN) se financiaron los estudios de Keiko Fujimori y que ella misma informó al Congreso que recibía el dinero en efectivo por parte de su padre cuando lo visitaba". Es más, Guillén enfatizó este asunto así: "Está demostrado en numerosos procesos que Vladimiro Montesinos enviaba grandes sumas de dinero

---

[28]http://larepublica.pe/21-07-2010/estudios-de-keiko-fujimori-y-hermanos-en-eeuu-costaron-us-1-millon-225-mil

a Alberto Fujimori, corroborado por personal del SIN y militares que llevaban el dinero físicamente a Palacio de Gobierno". Asimismo, recordó que la ex-fiscal de la Nación Gladys Echaíz, determinó que los estudios fueron financiados con dinero de procedencia ilícita, pero debido al tiempo transcurrido había prescrito el delito de receptación que podía imputarse"[29].

3.2. Larga ausencia de Keiko Fujimori en el Congreso:

Ahora, veamos otro caso de conocimiento público, del cual analistas y periodistas se ocuparon y cuestionaron la gestión de Keiko Fujimori Higuchi como Congresista de la República. Para empezar, citamos una apreciación del diario de La República que sostiene esto: "Una investigación de este diario en el 2010 encontró que en cuatro años de labor desde agosto del 2006, Fujimori Higuchi estuvo ausente del país en total 223 días. Si a ello se suman sus licencias por viajes y maternidad, ausencias al Pleno y a las dos comisiones en las que figura como titular (Economía y Vivienda), sobrepasa los 400 días de ausencia. La elegida el 2006 como la más votada, sobrepasó los 500 días de ausencias en este foro, sumando licencias y faltas al Pleno y comisiones de trabajo"[30]. Respecto a su inasistencia al Congreso, reportes de la misma entidad indican que obedecieron a

---

[29]   http://www.andina.com.pe/agencia/noticia-guillen-fujimori-ha-dado-hasta-siete-versiones-contradictorias-sus-estudios-611969.aspx
[30]   Tomado de: http://larepublica.pe/07-04-2011/keiko-se-ausento-500-dias-del-congreso

licencias de representación, hecho que resulta inexacto cuando en realidad, lo que hacía era culminar su maestría en la Columbia University-USA. Sin embargo, ella a través de su biógrafo confiesa lo siguiente: "Al debutar como congresista opositora, Fujimori adoptó un tono bastante moderado en la dialéctica con el oficialismo aprista; es más, dio a entender que estaba abierta a cooperar con determinadas políticas del Gobierno, que se encontraba en franca minoría en el Congreso. En los meses y años siguientes, su labor legislativa fue harto discreta, al disfrutar de dilatados períodos de licencia con motivo de su doble maternidad o aduciendo viajes al extranjero y obligaciones representativas, ausencias que aprovechó para concluir sus estudios empresariales en la Universidad de Columbia. A lo largo de la legislatura, fue titular sucesivamente de las comisiones ordinarias de Mujer y Desarrollo Social, Economía, Banca, Finanzas e Inteligencia Financiera, Comercio Exterior y Turismo, Presupuesto y Cuenta General de la República, y Vivienda y Construcción"[31]. Respecto a la producción congresal de Keiko Fujimori, un indicador es suficiente para tener una idea cabal de la calidad como legisladora y será el Dr. Enrique Bernales Ballesteros, analista político y ex senador de la República, quien nos diga su opinión al respecto: "Si enfocamos el trabajo de la bancada fujimorista como cohesión no fue malo. Fue el grupo más disciplinado después del Apra. En segundo

---

[31] KEIKO FUJIMORI HIGUCHI (Keiko Sofía Fujimori Hiiguchi) Perú, candidata presidencial (2011-2016), p.7. http://www.cidob.org.

62

plano está el desempeño de sus miembros: la señora Keiko fue elegida por amplia votación, pero prácticamente no ha ejercido la función. Ha pasado por el Parlamento, pero el Parlamento no pasó por ella, debido a las razones que fuere. Intervino tan poco y no recuerdo ninguna iniciativa importante de su autoría. Es posible que su agenda política en estos cinco años haya sido otra o que haya heredado el desprecio que su padre tuvo por el Congreso. En todo caso, es claro que no le interesó la labor parlamentaria y veremos si su bancada tiene una participación diferente en el próximo periodo". De otro lado el congresista Yonhy Lescano, tiene el siguiente concepto de Fujimori Higuchi: "La señora casi no ha venido y contadas veces intervino en el Pleno, ha estado en permanente licencia y fue muy indiferente en su obligación de legislar. No cumplió con su labor"[32]. Los antecedentes a la vista, sugieren una producción parlamentaria baja, por no decir mediocre; aun así, le costó al país un millón soles. Si así de mediocre fueron sus servicios para el país, no sucedió lo propio en sus gestiones políticas en beneficio de su padre Alberto Fujimori.

4.   Keiko Fujimori y su aspiración truncada a la Presidencia de la República: (2011-2016)

Jo-Marie Burt, en el prefacio de su obra *VIOLENCIA Y AUTORITARISMO EN EL PERÚ: Bajo la sombra de Sendero y la dictadura de Fujimori*; preludiando la

---

[32]   http://larepublica.pe/08-08-2010/keiko-presento-17-proyectos-y-cobro-un-millon-de-soles

segunda vuelta electoral del 2011, decía esto: "La hija de Alberto Fujimori, Keiko, ha pasado a la segunda vuelta, y enfrentará al ex militar Ollanta Humala para ocupar la Presidencia del Perú. El ascendiente de Keiko Fujimori demuestra que el fujimorismo logró sobrevivir un tiempo en el desierto, luego de la huida de Alberto Fujimori en noviembre de 2001 ante el inminente colapso de su régimen y su probable arresto por corrupción y otros crímenes, no obstante lo cual ha logrado consolidar una presencia política importante. Pero no por ello debemos olvidar que decenas de ministros, militares, hombres de negocios y otros colaboradores del régimen purgaron prisión o aún cumplen penas por varios delitos cometidos durante los años noventa, cobijados por el régimen fujimorista"[33]. Es cierto que el fujimorismo, en el Congreso de la República del período 2006-2011, había logrado presencia política; también era cierto que Alberto Fujimori enfrentaba circunstancias legales inexorables, instadas por el Estado peruano del que debía salir a cualquier costo. Para afrontar tal situación, delegó el liderazgo a su hija Keiko y ella, logró en parte los encargos, sobre todo, la victimización de su padre: trato preferencial y dadivoso del Estado, tanto en la fase de juzgamiento como en la prisión; así como, mantener vigente el fujimorismo y, afianzar su liderazgo en un sector de la población

---

[33] JO-MARIE BURT; *Violencia y autoritarismo en el Perú: bajo la sombra de Sendero y la dictadura de Fujimori.* 2a. ed. Lima, IEP; Asociación SER, Equipo Peruano de Antropología Forense, EPAF, 2011. (Ideología y Política, 31)

políticamente cautiva y proclive a la dadiva electoral. Fue el primer paso para la continuidad política de los Fujimori en el Perú.

De modo que el objetivo siguiente de la lideresa Fujimori, era la Presidencia de la República en las elecciones del 2011; para lograr, contaba con recursos y medios suficientes; líderes consecuentes de su partido, políticos amigos, funcionarios consecuentes, empresarios y otras organizaciones influyentes a las que su padre, en momentos de extrema dificultad, los había asistido. Premunida de esa logística, Keiko Fujimori, liderando a otro nuevo partido político Fuerza 2011, participa como candidata a la Presidencia de República en las Elecciones Generales del 2011. Evento en el cual, mal no le fue. Fuerza 2011, ocupó el segundo lugar en la primera vuelta electoral, con 3, 449, 595 votos y ganó 37 curules: 28 varones y 9 mujeres; en 2da vuelta, ganó Ollanta Humala y Keiko Fujimori, logró el 48.551% de votos. Visto territorialmente, obtuvo mayoría en 7 distritos electorales: Cajamarca, La Libertad, Lambayeque, Lima Provincias, Pasco, Piura y Tumbes[34]. Derrota que para el fujimorismo resultó un triunfo sin precedentes; las 13 curules logradas en las elecciones del año 2006, para el período 2011-2016, se elevó a 37 congresistas y se constituyó en la segunda fuerza política del Perú, férreamente cohesionados que hicieron de

---

[34]JNE Elecciones Generales 2011, Estadísticas; Resultados; Dirección de Registros, Estadística y Desarrollo Tecnológico.

ellos, una fuerza monolítica de operadores políticos e implacables apologistas del fujimorismo.

Sin embargo en los fueros internos de Alberto Fujimori, esta "derrota", debió ser un serio desliz, una frustración en su caro propósito de liberación y retorno al poder político. Esta situación evidente de desliz para el ex presidente y triunfo para el fujimorismo, obligó a reajustar la estrategia en curso y fortificar más el liderazgo de su hija Keiko; ella, desde su alta posición partidaria, exenta de responsabilidades económicas que cubrir y públicas que cumplir, ejecutó los encargos puntuales que desde la *prisión dorada* su padre disponía. En otras palabras, monitoreará el desempeño congresal de Fuerza 2011 y el funcionamiento de su partido, asignando funciones y responsabilidades con el objetivo de retomar el poder en el año 2016. Estas orientaciones a los congresistas de su bancada, significaban: dirigir Comisiones claves; eximir en comisiones responsabilidades contenciosas a fujimoristas, amigos y colaboradores del fujimorismo implicados en actos corruptos. En otras palabras, en alianza con bancadas opositoras: entorpecer y exacerbar desaciertos del gobierno de Humala a efectos de cosechar redito político del fracaso; bloquear proyectos que afecten a los intereses del fujimorismo y de quienes creían que podrían ser sus potenciales competidores en futuras elecciones. Con tales objetivos, la lideresa Keiko Fujimori en el período 2011-2016, condujo sus actividades partidarias, respaldada por la incisiva bancada fujimorista y, aleccionado por el sistemático transfuguismo de los nacionalistas de Gana Perú.

El logro político de mayor trascendencia y recurrente de Keiko Fujimori fue, sin duda, el "cargamontón" al gobierno de turno y a los demás poderes del Estado, "presionando" por la liberación de su padre. Son los casos del: "indulto humanitario", el archivamiento de juicios pendientes como: El desvío de fondos públicos al Servicio Nacional de Inteligencia (SIN) para comprar líneas editoriales en los Diarios sensacionalistas de Lima y asegurar su reelección en el año 2000, este caso, como tengo dicho atrás, es otro logro indignante, que grafica la indisoluble alianza entre las manos sucias de la política y la justicia, quienes aguardaron el preciso momento de la coyuntura política del Perú, para absolver al sentenciado y abrir la *puerta principal*. La presión al Tribunal de las Garantías Constitucionales, exigiendo corrección de ficticias irregularidades en el juicio a su padre. Un hecho saltante cuyas connotaciones lindan con la majadería y le insensatez, es aquello que en contubernio con operadores de medios de comunicación adictas al fujimorismo y, atropellando normas de ejecución nacional, exhibían al sentenciado Sr. Fujimori, ofreciendo conferencias de prensa desde su *prisión*, por medios televisivos, telefónicos y radiales, cual un "adalid" de la "inocencia". El caso abusivo que denigró la soberanía nacional, fue la entrevista que Alberto Fujimori otorgó al Diario chileno El Mercurio, donde supo afirmar que su hija era "la presidenta   que necesitaba el Perú".

Dado que los esfuerzos de coactar al Estado peruano, para lograr la liberación de Alberto Fujimori, no dieron los resultados, por lo menos en el plazo que esperaban ellos; cundió la angustia y la desesperación en la élite fujimorista, escapó la consigna: *¡Fujimori, saldrá por la puerta principal!*. Esta consigna sintetizaba en pocas palabras: ganar cueste, lo que cueste, las elecciones de 2016. La obcecada actitud del fujimorismo radica en que a sabiendas que la razón jurídica del Estado peruano, tiene zanjado este asunto; amparado en sus poderes fácticos y políticos, insisten en la *"inocencia"* de Alberto Fujimori, para luego expandir esta falsa sensación de víctima, frente al pueblo cautivo de los medios y cosechar redito político[35].

Todo indica que esta estrategia siniestra en marcha les va dando resultados.

En suma, la estrategia de Alberto Fujimori, que desde su retorno del Japón, su paso por Chile y la actuación política desde la prisión; siempre fue y es, encubrir con un falso manto de inocencia, su actuación criminal como jefe de Estado por el que está sentenciado y, recuperar el

---

[35] Nota: Sobre el procesamiento y sentencia de Alberto Fujimori, léase: CORTE SUPREMA DE JUSTICIA DE LA REPÚBLICA SALA PENAL ESPECIAL; Exp. N° A.V. 19-2001   Fecha: 7 abril 2009. O, en   : http://www.justiciaviva.org.pe/especiales/barrios-altos/42.pdf

poder político perdido, utilizando métodos indeseables que la democracia criolla se la permite. Esta práctica subliminal y sistemática de disfrazar cínicamente las fechorías perpetradas por la dictadura de Fujimori y la de sus seguidores, han tenido los resultados concretos ante la sociedad; sobre todo en un sector desinformado o mal informado, sin identidad y memoria de la sociedad peruana. En esta legitimación engañosa ante la historia, el Estado criollo tiene un alto grado de responsabilidad por las siguientes razones: i) por demostrar aquiescencia negligente o intencionada, al mantener indemne una Constitución Política, instituida mañosamente por el sentenciado, ii) por ser un sistema complaciente y dadivoso con la corrupción y, iii) por permitir que, utilizando las imperfecciones del sistema político criollo, accedan al poder indefinidamente, delincuentes y su red de operadores.

5.   **Keiko Fujimori preparándose para el 2016:** En el escenario resumido, Keiko Fujimori Higuchi y la élite fujimorista, el 29 de julio de 2012, emprenden su vertiginosa carrera rumbo al 2016. Esta vez liderando una nueva agrupación política denominada Fuerza Popular; una más de las que Alberto Fujimori, desde 1990 en adelante, para escamotear al electorado peruano, vino utilizando como agrupaciones *fusibles*: Cambio 90, Nueva Mayoría, Vamos Vecino, Perú 2000, Solución Popular, Sí Cumple, Alianza por el Futuro,

Fuerza 2011 y finalmente Fuerza Popular[36]. Sobre esta última mimética del fujimorismo, Sara María Díaz Meléndez, de la Universidad de Sevilla, en su Trabajo de fin de grado, que abajo se cita, resume así: "Precisamente, el objetivo principal de este trabajo es corroborar que el fujimorismo no ha mutado, no se ha transformado, solo ha cambiado de nombre. El partido de Keiko Fujimori, Fuerza Popular, es la continuación del "populismo" instaurado por su padre. Alberto Fujimori ha sido condenado a 25 años de prisión por corrupción política y violación de derechos humanos. Hoy cumple condena por sus delitos, pero desde su celda aboga no solo por su libertad, a través de una amnistía, sino que realiza una campaña propagandística a favor de su hija"[37].

En esta nueva elaboración política, la élite de asesores que rodea a la Fujimori, le hacen reflexionar que si el objetivo es ganar las elecciones de 2016, el sentimentalismo en la liberación de su padre, que prácticamente trajo la derrota de 2011, tenía que dejarse a segundo plano; máxime que si lograrse el poder, este asunto, venía por sí solo. Con este entendido, replantean la estrategia primigenia trazada por Alberto Fujimori desde la prisión y la lógica de este cambio, se sustentaba

---

[36] Véase: KEIKO FUJIMORI HIGUCHI (Keiko Sofía Fujimori Hiiguchi) Perú, candidata presidencial (2011-2016), p.16. http://www.cidob.org.

[37] DÍAZ MELÉNDEZ, SARA MARIELLA; *Fujimorismo: propaganda política y herencia populista*: UNIVERSIDAD DE SEVILLA, TRABAJO FIN DE GRADO, Departamento de Periodismo II Facultad de Comunicación. 2015.

en centralizar y aprovechar al máximo: i) la red de operadores políticos, económicos y financieros que actuaban en torno a Alberto Fujimori, ii) establecer en las apariencias, diferencias con el fujimorismo de Alberto Fujimori, iii) aprovechar la experiencia política de Keiko Fujimori acumulada en los anteriores eventos electorales y iv) ampliar el caudal electoral acumulado con prebendas y control absoluto de los medios de comunicación y la mercenarización de la prensa. Con estos acomodos estratégicos, Keiko Fujimori, derrochando un brío inusitado en sus actividades partidarias, impuso un fujimorismo suyo en las apariencias; en el fondo, algo así como una simbiosis, a la que sus teóricos sintetizaban como aporte de las anteriores agrupaciones[38], vale decir las experiencias de su padre. Así Keiko Fujimori, comandó a Fuerza Popular, flameando una bandera con el símbolo o marca personal, la letra K; inicial asociada a los nombres de: Keiko, Kenyi, Kyara y Kaori del entorno familiar de los Fujimori, sugiriendo proyección política subliminal de largo alcance, algo así como una dinastía en acción. Al respecto en su biografía la Fujimori, concluye diciendo esto: "La opción K comparte con el viejo fujimorismo el nulo interés en las definiciones ideológicas, la primacía del personalismo del líder y los gestos populistas

---

[38] NOTA: Véase en: KEIKO FUJIMORI HIGUCHI (Keiko Sofía Fujimori Higuchi) Perú, candidata presidencial (2011-2016). http://www.cidob.org.

mezclados con pragmatismo,..."[39] Es decir, el nuevo fujimorismo como cadena dinástica, empezaría por ahora con Keiko Fujimori a la cabeza. Posición reiterada por Fujimori Higuchi, desde Piura en el debate con su oponente Pedro Pablo Kuczynski el 22 mayo del 2016, en estos términos: "Fuerza Popular es un partido que perdurará en la historia y logrará cambios en nuestro país". Esa es la dirección hacia donde marchan los Fujimori.

---

[39] KEIKO FUJIMORI HIGUCHI (Keiko Sofía Fujimori Higuchi) Perú, candidata presidencial (2011-2016), p.2. http://www.cidob.org. Actualización: 19 abril 2016

CAPÍTULO IV
ELECCIONES GANERALES DE 2016 Y EL MERCADO ELECTORAL

1. Las competencias electorales en la democracia criolla:

Las elecciones políticas en el Perú mucho se asemejan a competencias deportivas en desigualdad de condiciones. En esta fatídica carrera, avezados e intonsos; ricos y pobres, galopan por la misma vía y con la visión puesta en el poder: suponiendo *"igualdad de condiciones"*. A los primeros, poco o nada les importa el Perú, pero llevan armas contundentes para liquidar al contrincante y la bolsa llena, con la convicción de lograr el objetivo final: el poder, asociado al dinero. A los segundos, les mueve la ilusión de cambiar el Perú, pero van desarmados y con la bolsa vacía, que da lo mismo decir: marchan a la guerra, henchidos de honor y patriotismo a morir por la patria.

Conforme suele decirse: *"Por la plata se cierra la puerta del infierno y se abren las del cielo"*. No importando de dónde viene, ni cómo llega: *el dinero llama dinero*. Esta es la ley que la democracia criolla del Perú instituyó para las competencias electorales. Desde cuando los primeros constructores de la República optaron por este sistema; a los aspirantes al poder, poco o nada les preocupaba de dónde y cómo vendrían los fondos para financiar los costos del acceso al mismo, porque obviamente, sabían de donde vendría. Creer que financiaban con lo suyo, es desde luego, una ingenuidad del pueblo subordinado por la democracia; puesto que quienes detentan el poder, utilizan los fondos del Estado y con ello, cosechan ganancias a raudales. En actuales tiempos, esta lógica no ha cambiado; la matriz, el patrón del uso privado del Estado, es la misma. Como ejemplos, veamos el caso que venimos tratando, el Sr. Alberto Fujimori, como dicho está, accedió al poder con la plena convicción que el Perú era una pródiga finca con inmensos recursos que aprovechar y la política peruana, una actividad económica que rendía máximas ganancias con poco costo. Con esta visión, proyectó su permanencia indefinida en el poder y tras el fiasco conocido; Keiko Fujimori, su hija, se propuso recuperar este poder, para mantener esa línea maestra de apropiación. Otro ejemplo conocido hasta la saciedad, es el caso de Alan García; éste, sabedor de las ganancias que le brindó el Estado en sus dos períodos gubernativos, intentó un tercero más; pero su objetivo no era tanto ganar las elecciones, sino, posicionar a sus incondicionales en el Congreso y reforzar a la mayoría de los fujimoristas a cuenta de limpiar sus pasivos pendientes, objetivo que se cumplió. En suma la carrera electoral, está más motivada por el aprovechamiento privado del Estado, que el supremo fin de gobernar para el bienestar general. La variable condicionante de los procesos políticos en el Perú es el dinero, como objeto de inversión y recuperación: máximas ganancias con mínimos costos. La legislación electoral peruana es una herramienta para regular esa desleal carrera en el mercado electoral y mantener indemne la democracia criolla excluyente.

2. Partidos políticos y su función de operadores de la democracia criolla:

La Ley Orgánica de Elecciones, o Ley N° 26859, promulgada el 29/08/1997 por el Congreso de Fujimori, vigente hasta hoy; contrastada con la dinámica socio-política de estos tiempos, legitima una democracia *sui generis* y anti-histórica, propia de una República Aristocrática del Perú sin indios, por naturaleza excluyente y antidemocrática. Esta continuidad histórica significa que los referentes políticos anacrónicos de aquella república, se instituyen como ordenamientos legales de cumplimiento nacional y obligatorio. Esta obligatoriedad, en un país con heterogeneidades culturales, sociales, económicas, políticas y territoriales profundas, como resultado final, ha segmentado la sociedad peruana en dos sectores poblacionales, de aspiraciones diametralmente opuestas: Un Perú, de ciudadanos con derecho político a elegir y ser elegido y, otro Perú, de ciudadanos con derecho político, solo para elegir. Los primeros, logran representatividad política, engañando a los segundos y para perpetuar este *estatus* y dar forma democrática, se instituyen operadores políticos o partidos políticos, que actúan como bisagras, entre los primeros y los segundos. En la práctica son instituciones políticas, fundadas algo así como propiedad privada de los primeros; disfrazados con etiqueta del *bien común*. En otras palabras, son empresas políticas.

Todas las agrupaciones o "partidos políticos" en actual carrera, tienen esa naturaleza fundacional y son apenas herramientas ocasionales de sus *fundadores-financistas,* que actúan en períodos electorales como empresas económicas, con fines políticos. Y bajo la lógica del costo-beneficio, reclutan a costo mínimo, ingenuos ciudadanos, desocupados y a los ávidos de ocupación a quienes los van adaptando al transfuguismo, al clientelismo y a la dádiva, ofreciendo el retorno de sus servicios prestados, cuando el partido al que apoyó acceda al poder. Actúan manejados por los *fundadores* en razón a la coyuntura política del país, como mecanismos de movilización social para cumplir directrices, como: acopiar firmas para padrones electorales, falsear la existencia del partido en: Distritos, Provincias y Departamentos; improvisar organizaciones fantasmas: "comités", "congresos", "convenciones"; suplantar acuerdos, actas, pronunciamientos y, consignar locales ficticios del supuesto partido. En suma, esta Ley orgánica de elecciones, complementada por la Ley N°28094, o Ley de Partidos Políticos, del 01 de noviembre del 2003, legalizan esa forma corrupta de hacer política en el Perú.

Estas anomalías funcionales sugieren que los procesos electorales, están concebidos para posicionar en el poder político, a la opción que más recursos económicos posee, sin importar de dónde y cómo vienen. La norma electoral, deliberadamente disfraza o soslaya la naturaleza y los fines de los partidos políticos, que actúan como empresas privadas para el acceso al poder y manejan centenas de millones de soles con un fin político de fachada. Estos partidos, en su constitución jurídica, son considerados como asociaciones sin fines de lucro y coyunturalmente actúan como tenedores de fondos millonarios. Los controles elementales de supervisión y rendición de cuentas claras, sobre la legitimidad de los fondos que ingresan a las arcas de los partidos y se gastan en sus actividades políticas, no están legislados como debieran estarlo. En el contexto real estos partidos políticos, amparados en el inexorable discurso del rígido cronograma electoral y la consecuente saturación administrativa en la ONPE, eluden obligaciones, esperando que el proceso electoral llegue a su fin; tal que los casos contenciosos cometidos quedan impunes y los infractores (los partidos políticos), aquel que ganó las elecciones, como el que perdió, se escabullen en la precariedad y ambigüedad jurídica e institucional.

3. Un sistema político que excluye a quienes no poseen dinero:

La corrupción que en grado superlativo promueven estas normas, radica en el financiamiento de los procesos electorales en el acceso al poder. Legaliza un sistema de financiamiento público, directo y privado, a los partidos políticos de origen, naturaleza y existencia, precarias y al servicio de cúpulas que hegemonizan el ejercicio político. Asigna fondos a través del Presupuesto General de la República, define cuáles son las fuentes de ingreso y faculta además, recibir donaciones de entidades privadas. La ley, ingenua o premeditadamente, promueve y legitima la participación de capitales privados de limpia u oscura procedencia, como *"inversionistas en la empresa política"*. Por una parte, grandes empresas transnacionales, interesados en explotar los recursos de la nación, escogen a los partidos o sujetos políticos con más probabilidades de éxito y financian sus costos. Por otra parte, posibilita a que las mafias criminales que generan fondos sucios, inviertan y *blanqueen sus capitales* en la política. La legislación aludida, además, oculta que el Perú como Estado, progresiva y sistemáticamente viene siendo minado y corroído en su superestructura económica y política, por la corrupción y el narcotráfico. Líderes de partidos políticos y de las mafias organizadas, en cierto modo, tienen objetivos comunes, el poder político. Los primeros, aspiran el poder y como herramienta, tienen un partido político; pero, las exigencias del mercado electoral, son cada vez más competitivas, sus recursos legalmente asignados no son suficientes, requieren fondos considerables, sin importar de dónde y cómo viniere. Los segundos, poseen inmensos recursos delincuencialmente logrados y aspiran el poder. Para legitimar esas ganancias ilícitas, invierten en las campañas electorales, con lo cual sanean sus ingresos mal habidos a cuenta de su participación en la estructura del Estado, en todos sus niveles. Esta realidad es visible y escandalosa: derroche de fabulosas y millonarias campañas electorales de partidos políticos de hegemonía nacional, que no condicen con los montos declarados ante la ONPE y el Estado, observador inocuo de cuanto duele en sus entrañas y sucede sobre sus narices.

Este es el *nudo gordiano* que el Estado criollo de *democracia sui-géneris*, vino construyendo cuidado-samente; es decir, una clase criolla dominante, que con el tiempo se tornó en secular dependiente de esta forma corrupta de gobierno. Esta clase política, a medida de cómo vienen avanzando los procesos políticos en el mundo, cuidando su pervivencia, va acomodando sus tentáculos a esa realidad política; realidad que para el pueblo peruano es ficticia. Pero los pensadores criollos, cuidando no lastimar el ordenamiento jurídico constituido, asumen conclusiones falaces sobre la inviabilidad del sistema político decadente. Para ellos, estas anomalías estructurales, son apenas "dificultades eventuales propios de la democracia", cuyas causas concretas como las demostradas en este trabajo, se solucionan mejorando las leyes electorales. En otras palabras, mantener por siempre prisionera de sus derechos políticos a la población indígena, mestiza y criolla empobrecida del Perú; sin representatividad nacional, como sujetos pasivos de utilidad electoral para su tutora, la *clase política criolla* de siempre. Explico esto así: en la elaboración de la Constitución Política, tanto la de 1979, como la de 1993, la población indígena, mestiza y criolla empobrecida, fueron marginadas y no participaron; paradójicamente, los criollos, usurparon sus derechos y se irrogaron legislar a nombre de ellos. Esta situación de atropello se viene sofisticando y sus derechos políticos al acceso del poder, se van minimizando más. La política se torna en una empresa que monopoliza el control del mercado electoral en manos de pocos "criollos millonarios" dueños de partidos políticos. En síntesis, los pensadores criollos, aspiran el monopolio político, para legitimar pocos partidos políticos al servicio de grandes poderes económicos y como paraísos de blanqueo de dineros mal habidos, liquidando pequeñas agrupaciones políticas. En otras palabras, obligar a los peruanos de menores ingresos a abdicar el ejercicio de sus derechos políticos de ser elegidos y, delegar "democráticamente" la administración de tales derechos a los grandes capitales.

4. La empresa política y los millonarios recursos en los procesos electorales:

Las elecciones, tal como están caracterizadas hasta aquí, son apenas una ganzúa para llegar al poder; ganzúa que significa dinero en cantidades millonarias en manos de empresas políticas para costear la captura de votos en el mercado electoral. La siguiente cita nos muestra de cómo los partidos políticos, en un país que se supone pobre; escandalosamente, mueven millones de soles en sus campañas electorales. La cita dice: "Seguir la pista al dinero permite descubrir los millonarios recursos que se invierten para alcanzar el poder, los conflictos de intereses en estas épocas y cuán transparentes son los aspirantes al gobierno. #Fondos de Papel descubrió que los partidos declararon ingresos privados por un total de más de S/.144 millones 927 mil en las campañas del 2006 (S/.26, 8 millones), 2011 (S/.63,2 millones) y en esta etapa final de la primera vuelta electoral 2016 (S/. 54 millones 800 mil) [40]. Los datos de la misma fuente, indican también que de los más de S/. 144 millones declarados por los partidos políticos a la Oficina Nacional de Proceso electorales ONPE, financiaron las campañas de los últimos tres procesos electorales con fondos procedentes de distintas fuentes, en el siguiente orden porcentual: el 54.2% con S/. 78' 589,997 corresponden al financiamiento directo, vale decir bancarizado o dinero en efectivo; el 7.9% equivalente a S/.11'483,738, proceden del financiamiento de empresa nacionales y extranjeras; el 7.4% con S/. 10'671,599, proceden del financiamiento de actividades proselitistas; el 8.9% que significa S/.12'836,178, proceden de cenas, almuerzos y cocteles; el 13.2% equivalente a S/. 19'151,456. En este único caso es el aporte personal de César Acuña, sus empresas y familiares a la campaña electoral de Alianza por el Progreso, hasta la primera vuelta del 2016. Con esta aclaración, el siguiente 2.3% del monto global que significa S/.3'320,877, se

---

[40] LUNA, AMANCIO NELLY, CASTILLA C. ÓSCAR Y HUACLES, JOSÉ L. Desarrollado por Jason Martínez y Jorge Miranda; FONDOS DE PAPEL: Candidatos y millones; Dinero, poder y mentiras: Una radiografía al financiamiento privado de los partidos. Tomado de: http://fondosdepapel.ojo-publico.com (Actualizasdo a mayo de 2014)

encuentran en proceso de verificación, hasta la primera vuelta del 2016; finalmente el 6.1%, equivalentes a S/. 8' 874,006 son otros aportes, entre las que aparecen ONGs.

Estos datos demuestran que los partidos políticos en el Perú, reciben financiamiento privado, bajo diferentes modalidades que van desde la entrega de dinero en efectivo o en especies, aportes por la vía bancaria de personas naturales y jurídicas, e ingresos por actividades proselitistas que pueden ir desde el alquiler de locales y la organización de cenas, almuerzos y cocteles y otros eventos. Las cifras mostradas, confirmarían aparentemente que los partidos políticos, sobre todo los que ya trajinaron por la senda del poder, respecto a los orígenes de su financiamiento, estarían cumpliendo con lo prescrito en la Ley N°28094, o Ley de Partidos Políticos. Sin embargo, aquí salta las interrogantes de rigor que los entendidos y la sociedad en su conjunto se preguntan. Primero, ¿La procedencia de los fondos declarados a la autoridad, son ciertas, como afirman?; segundo, "¿Los millones de soles declarados a la ONPE desde el 2006 representan todo el financiamiento? Las evidencias muestran que no. Las organizaciones declaran menos dinero del que realmente ingresa y con frecuencia no esclarecen el origen real de estos montos. Dionisio Romero, expresidente del Banco de Crédito y uno de los hombres más ricos y poderosos del Perú, dio una pista al respecto en una entrevista del 2009 con el diario El Comercio. Cuando le preguntaron si financió todas las campañas presidenciales, el millonario respondió: "Todas no...muchas me han salido gratis". Sin embargo, el nombre del banquero ni el de sus empresas figuran en los documentos oficiales que los partidos deben reportar a la ONPE"[41]. Esto demuestra que las organizaciones políticas falsean la información sobre los orígenes de sus ingresos y el destino de sus gastos. Es más, la autoridad electoral ante recurrentes denuncias sobre falsos aportantes y omisiones tendenciosas de gastos, cruzando informaciones de su dominio comprueba que muchas veces, personas aludidas como aportantes niegan tales aportes y en otras, facturaciones por servicios publicitarios no coinciden con los reportes declarados por los partidos.

5. Preparativos para la fiesta electoral:

Ahora veamos de cómo los protagonistas de la fiesta electoral, irán urdiendo los filamentos constituidos y fácticos, para lograr el objetivo fijo de ganar las elecciones. Y no cabe duda que la protagonista de mayor preponderancia es Keiko Fujimori de Fuerza Popular y esta hegemonía, es el resultado de un largo y sostenido trabajo político, que se resume más o menos así. El fujimorismo desde cuando le cupo ejercer el poder a plenitud, luego "marginalmente" desde 2006 en adelante; a diferencia de las otras agrupaciones políticas,

---

[41] LUNA, AMANCIO NELLY, CASTILLA C. ÓSCAR Y HUACLES, JOSÉ L. Desarrollado por Jason Martínez y Jorge Miranda; FONDOS DE PAPEL: Candidatos y millones; Dinero, poder y mentiras: Una radiografía al financiamiento privado de los partidos. Tomado de: http://fondosdepapel.ojo-publico.com (Actualizasdo a mayo de 2014)

supo aprovechar con creces sus "beneficios", para afianzar acciones político-partidarias, en este caso, con miras a recuperar la fuente del poder perdido. Del año 2011 en adelante, el objetivo se constriñe a ganar las elecciones en el año 2016. Con este fin, la élite partidaria se centraliza en torno a la dirección política de Keiko Fujimori y como garantía de viabilidad y sostenibilidad, posee recursos económicos y financieros que soporte una campaña electoral sin precedentes en el escenario electoral del Perú. Cuando el 14 de noviembre del 2015, se convoca a Elecciones Generales para el 10 de abril de 2016 y el 28 de noviembre el Jurado Nacional de Elecciones JNE, establece las fechas límite para el proceso electoral convocado; Fuerza Popular de Keiko Fujimori, ya tenía todo arreglado, desde luego, sujeto a la norma electoral y presta en protagonizar la competencia electoral aguardada. Al igual que ésta, otras agrupaciones políticas; unos, encabezados por políticos tradicionales y otros, por ilusos líderes de nuevas agrupaciones, buscando quizás un milagro para la mejoría de este Perú excluido, aspiran también el poder y acompañan al corro del carnaval electoral.

Las agrupaciones políticas que dieron apariencia democrática a la fiesta electoral del 2016 en curso, son: 1) **Acción Popular,** presidido por Alfredo Barnechea como candidato a la Presidencia, Víctor Andrés García Belaunde y Edmundo del Águila a la primera y segunda vicepresidencia. 2) **Alianza para el Progreso,** como candidato presidencial Cesar Acuña, Anel Townsend y

Humberto Lay a la primera y segunda Vicepresidencia. 3) **Alianza Popular,** a la Presidencia, Alan García Pérez del APRA, Lourdes Flores Nano y David Salazar Morote a la primera y segunda Vicepresidencia. 4) **Democracia Directa,** a la Presidencia el exgobernador de Cajamarca Gregorio Santos, Andrés Alcántara y Simón Chipana, a la primera y segunda Vicepresidencia. 5) **Frente Amplio,** como candidata presidencial Verónika Mendoza, Marco Arana y Alan Fairlie, a la primera y segunda Vicepresidencia. 6) **Fuerza Popular,** Keiko Fujimori a la presidencia, José Chlimper y Vladimiro Huaroc, a la primera y segunda vicepresidencia. 7) **Orden,** Ántero Flores Aráoz a la Presidencia, Rómulo Mucho y Mery Botton a la primera y segunda Vicepresidencia. 8) **Partido Humanista,** Yehude Simon candidato presidencial, Rosa Mavila y Yorka Gamarra a la primera y segunda Vicepresidencia. 9) **Partido Nacionalista,** Daniel Urresti, candidato presidencial, Susana Villarán y Maciste Díaz a la primera y segunda Vicepresidencia. 10) **Peruanos por el Kambio,** Pedro Pablo Kuczynski a la Presidencia, Martín Vizcarra y Mercedes Aráoz a la primera y segunda Vicepresidencia. 11) **Perú Libertario,** Vladimir Cerrón a la Presidencia, Jorge Paredes y Jesús Zárate a la primera y segunda Vicepresidencia. 12) **Perú Nación,** candidato presidencial Francisco Diez Canseco, Claudio Zolla y Margarita Gamboa a la primera y segunda vicepresidencia. 13) **Perú Patria Segura,** Renzo Reggiardo a la Presidencia, Miluska Carrasco y Carlos Vicente a la primera y segunda Vicepresidencia.

14) **Perú Posible,** Alejandro Toledo a la Presidencia, Marcial Ayaipoma y Carmen Omonte a la primera y segunda Vicepresidencia. 15) **Progresando por el Perú,** Miguel Hilario a la Presidencia, Mabel Ponce y Silvia Pareja a la primera y segunda Vicepresidencia. 16) **Progreso y Obras (*Frente esperanza*),** Fernando Olivera a la Presidencia, Carlos Cuaresma y Juana Avellaneda, a las Vicepresidencias. 17) **Siempre Unidos,** Felipe Castillo a la Presidencia, Guillermo Ruiz e Isaac Humala a la primera y segunda vicepresidencia. 18) **Solidaridad Nacional,** Hernán Guerra García a la Presidencia, José Luna y Gustavo Rondón a la primera y segunda Vicepresidencia. 19) **Todos por el Perú**. Julio Guzmán a la Presidencia, Maura Umasi y Carolina Lizárraga a la primera y segunda Vicepresidencia. El árbitro que dirige este evento, dentro de los términos ya descritos atrás, es el Jurado Nacional de Elecciones JNE, cuyas decisiones, para bien o para mal, son inexpugnables.

6. Las campañas electorales y el financiamiento de las elecciones de 2016:

Este análisis estará referido al financiamiento del proceso electoral, hasta la segunda vuelta. Las fuentes indican que dos partidos con hegemonía nacional, que reportaron sus informes a la ONPE, indicaron que movieron millonarias sumas en sus campañas. "El partido Fuerza Popular de Keiko Fujimori, es el que más dinero en campaña utilizó, son: S/. 10,2 millones, frente a los S/. 7,5 millones reportados por Pedro Pablo Kuczynski de Peruanos Por el Kambio. La fuente consultada sobre estos temas, nos ilustra también que en los 6 meses del proceso electoral del 2016, la candidata de Fuerza Popular, habría gastado S/. 8,8 millones y de este monto destinó S/. 5,1 millones (60%) en la contratación de propaganda electoral en medios de comunicación (televisión, radio y prensa)"[42]. Igualmente Ojo-publico.com, un medio digital de periodismo de investigación, luego de analizar los reportes de ingresos y gastos entregados a la Oficina Nacional de Procesos Electorales (ONPE) por los partidos, identificó cómo los candidatos de la segunda vuelta electoral han distribuidos sus gastos de publicidad. Ellos concluyen que como en otros años, la televisión concentra la mayor parte de los egresos. Keiko Fujimori habría pagado por avisos en la Compañía Peruana de Radiodifusión S.A. (América Televisión) S/. 2 millones; Andina de Radiodifusión (ATV), S/. 527 mil; y, Latina Media S.A.C (Latina) S/. 310 mil. A este presupuesto en avisaje, se suma sus pagos por publicidad en medios de provincias, a través de Emisoras Cruz del Perú, con S/. 450 mil; y en radios, como al Grupo RPP S.A.C., con un contrato de publicidad por S/. 193 mil. En cuanto a los gastos de campaña de Pedro Pablo Kuczynski, ascenderían a S/. 5,4 millones y de este total se habrían destinado S/. 4,3

---

[42] ROMERO BENITES, ROCÍO; *Publicidad en medios de Keiko Fujimori alcanza los S/. 5,1 millones.* Tomado de: http://ojo-publico.com/218/keiko-fujimori-reporta-gastos-por-5-millones-en-publicidad (Jueves, 12 Mayo 2016)

millones al pago de propaganda electoral. Los medios a los que pagó más avisaje fueron Latina Medios S.A.C. (S/. 1 millón), Compañía Peruana de Radiodifusión S.A. (S/. 828 mil), Andina de Radiodifusión (S/. 681 mil) y Corporación Universal, dueña del diario y radio Exitosa, y de Radio Karibeña (S/. 204 mil). El balance total de estos reportes muestran que las empresas con mayores ganancias por avisajes televisivos, en la disputa electoral entre ambas candidaturas, son la Compañía Peruana de Radiodifusión (S/. 2,8 millones), Latina Media S.A.C. (S/. 1,3 millones) y Andina de Radiodifusión (S/. 1,2 millones). En seis meses de campaña de todas las organizaciones que participaron en el proceso electoral del 2016, el gasto total asciende a la suma de S/. 52 millones. El excandidato César Acuña, de Alianza Para el Progreso del Perú (excluido por el Jurado Nacional de Elecciones del proceso electoral) gastó un total de S/. 26 millones, que dicho sea de paso, el único partido que aclaró que sus fondos proceden del aporte personal de César Acuña, de su empresa y familiares. Le sigue luego Fuerza Popular (S/. 8,9 millones), Alianza Popular (S/. 7,4 millones) y Peruanos Por el Kambio (S/. 4 millones) [43].

---

[43] Rocío Romero Benites, Publicidad en medios de Keiko Fujimori alcanza los S/. 5,1 millones. Tomado de: http://ojo-publico.com/218/keiko-fujimori-reporta-gastos-por-5-millones-en-publicidad (Jueves, 12 Mayo 2016)

CAPÍTULO V
PODERES FACTICOS Y EL PODER POPULAR EN LAS ELECCIONES DE 2016

1. Trampas y leguleyadas para torcer la voluntad ciudadana

1.1. Tendiendo trampas desde el Congreso de la República:

La Ley Orgánica de Elecciones o Ley Nº 26859, aprobada el 29 de setiembre de 1997 en el Congreso de la República, legitimó los procesos electorales fraudulentos de Alberto Fujimori en sus dos reelecciones. Después del Gobierno democrático de transición, el 01 de noviembre del año 2003, Alejandro Toledo Manrique, optó por modificar y promulgó la Ley de Organizaciones Políticas o Ley Nº 28094. Pero esta ley no modificó la sustancia de la legislación electoral anterior; los vicios y trampas electorales instituidas por Fujimori, siguieron su curso y, más bien, se adaptaron a los adelantos tecnológicos en la comunicación e información masiva y la oferta política, se tornó en un producto más del mercado libre. Tal es así que las dádivas, prebendas, sobornos y otras trampas mediáticas para timar votos a la población, se hicieron en herramientas consensuadas de las campañas electorales.

Esta problemática, desde tiempo atrás, fue percibida por personalidades preocupadas, quienes plantearon su modificación desde diferentes puntos de vista: entre ellos: el proyecto de ley presentado por José Vega Antonio, congresista de Unión por el Perú en octubre del 2009; otro similar, presentada el 9 de noviembre del 2011por Magdalena Chuy Villanueva, Jefa de la ONPE y, el proyecto de ley, presentado al Congreso de la República, por los funcionarios: Francisco A. Távara Córdova, Presidente del Jurado Nacional de Elecciones; Mariano Cucho Espinoza, Jefe de la ONPE y, Jorge Luís Yrivarren Lazo, Jefe Nacional de la RENIEC en diciembre del 2013. Obviando el contenido de las propuestas indicadas, es evidente que hubo intención de modificar la Ley N° 28094, en su oportunidad; sin embargo, a los partidos políticos que en su turno controlaron el legislativo, por razones obvias, no les interesó tal modificatoria y entramparon la discusión hasta una coyuntura "propicia". Y en efecto, calcularon que esta coyuntura propicia era el mes de octubre del 2015; discutieron, aprobaron y la autógrafa de la Ley N° 30414, fue remitida al ejecutivo; pero el Presidente de la República, observa y devuelve la ley al Congreso; aun así el Pleno, por insistencia aprueba dicha ley. Hasta que, finalmente, el 17 de enero del año 2016 se publica en el Diario Oficial de El Peruano; 64 días después de la convocatoria al proceso electoral del 2016. Nótese que en la aprobación de esta ley, se percibe pugna de intereses entre el legislativo y el ejecutivo. El legislativo, a esas alturas del tiempo, está condicionado por la hegemonía del fujimorismo, que ya es mayoría; además está en campaña y exige la aprobación de la tal ley.

Primó la decisión del Congreso, pero, el JNE, amparado en el poder de sus actos jurídicos, se resistió aplicar en su integridad la Ley N° 30414[44] y, siguió legislando el proceso mediantes sendas resoluciones. Sobre esta controvertida ley, el analista español JOSÉ CARLOS ANTÓN de LLORENTE & CUENCA en un informe que abajo se cita, nos dice lo siguiente: "Si hay algo que definitivamente marcó las últimas elecciones fue el papel que jugó el JNE a lo largo del proceso y la aplicación de la nueva Ley de Partidos Políticos (Ley N° 30414) que fue aprobada por el Congreso en el último año y que entró en vigor contra toda lógica en medio del actual proceso electoral."[45].

1.2. Las trampas electorales en acción:

En el contexto práctico, este intríngulis electoral, por una parte, abrió camino a la ciudadanía para denunciar: vicios, trampas y falencias administrativas que los partidos políticos en campaña, con la aquiescencia de la autoridad electoral, venían realizando con normalidad. Por otra parte, la ciudadanía, nauseada por el acoso propagandístico y una sensación de fraude en marcha, que pregonaba a la candidata Keiko

---

[44] Al respecto, el JNE, el 20/01/2016, emitió un Comunicado, prácticamente desobedeciendo en parte, la aplicación de la Ley N° 30414.
[45] ANTÓN, JOSÉ CARLOS: *Elecciones en Perú 2016: Una encrucijada política que haría peligrar el crecimiento económico.* INFORME ESPECIAL, en DESARROLLANDO IDEAS. LLORENTE & CUENCA. Madrid, abril 2016.p.3

Fujimori, como la futura mandataria del Perú, arraigó la animadversión popular contra ella. Y en verdad, según las encuestas, la Sra. Fujimorí, llevaba la delantera de las preferencias, seguida de tres peligrosos contendores: Julio Guzmán de Todos por el Perú; César Acuña de Alianza por el Progreso y Pedro Pablo Kuczynski de Peruanos Por el Kambio. Según **CPI,** en la encuesta del 11 de febrero de 2016: Keiko Fujimori (Fuerza Popular) ocupaba el primer lugar con 34.1%; Julio Guzmám (Todos por el Perú) en el segundo con 14.1%; César Acuña (Alianza para el Progreso), en el tercero con 12.6%. **Datum,** el 12 de febrero del mismo año informaba a Keiko Fujimori (Fuerza Popular) en el primer lugar con 35%; Julio Guzmán (Todos por el Perú) en el segundo lugar con 17% y Pedro Pablo Kuczynski (Peruanos por el Kambio) con el 11%. Según **GFK**, del 31 de enero del 2016, asumía que Keiko Fujimori como la primera con 32.6% y Julio Guzmán con el 10.4%, en un empate técnico con Acuña (10%) y PPK (9.5%). Las mismas encuestadoras sugerían que la tendencia de ascenso de los candidatos en cuestión, eran evidentes; de no haber sucesos traumáticos en el proceso electoral, la primera ubicación de Keiko Fujimori Higuchi, en el día de las elecciones, podría ser desplazada al segundo o tercer lugar; situación que imposibilitaría su potencial ascenso al poder.

Este panorama relativamente sombrío para las aspiraciones de la Fujimori, obligó sin duda a utilizar todos los poderes fácticos y constituidos para neutralizar el ascenso de sus dos peligrosos contendores: Julio Guzmán y César Acuña; sobre todo, al primero quien avanzaba con brío aparente. Las armas con el que se lograrían aquel objetivo, serían legales en su totalidad: la nueva ley N° 30414 y las contradicciones con las resoluciones emitidas por el JNE. De ahí que, con la rapidez que el problema exigía, aparecieron sendas denuncias y tachas contra los partidos indicados y sus candidatos, aludiendo infracciones administrativas y vicios en campaña. Las autoridades electorales, con la premura que el cronograma exigía, iban resolviendo los casos. El primero en ser desahuciado fue el candidato Julio Guzmán y su partido Todos por el Perú; con una resolución del Jurado Especial de Elecciones Lima Centro 1 del 19 de febrero de 2016 que declaraba INADMISIBLE la solicitud de inscripción de la fórmula de candidatos a la Presidencia y Vicepresidencias de la República de la Organización Política del "TODOS POR EL PERÚ"[46]; resolución confirmada con otra de la instancia final del JNE[47]. El siguiente contendor denunciado fue el candidato César Acuña de Alianza por el Progreso, por cometer acto ilícito de dádiva electoral al donar 10 mil soles a los comerciantes de Chosica afectados por deslizamientos, inundaciones o huaicos. Denuncia como la anterior, prosperó rápidamente y el Jurado Especial de Elecciones de Lima Centro 1, mediante Resolución N° 024-2016-JEE-LC1/JNE del 03 de marzo de 2016, resuelve excluir al candidato a la

[46] RESOLUCION N° 019-2016-JEE-LC1/JNE 1
[47] RESOLUCIÓN N° 0197-2016-JNE

Presidencia, César Acuña Peralta de "Alianza para el Progreso del Perú", para participar en las Elecciones Generales 2016. Inmediatamente después, el 10 de marzo del 2016, el Jurado Nacional de Elecciones JNE, lo confirma con la Resolución N° 0196-2016-JNE[48].

Con estas "leguleyadas" los fujimoristas lograron desembarcar de la carrera electoral a dos de sus principales competidores; pero, como es de suponer, ciudadanos consecuentes con el sentir de la población, luego que se difundieran imágenes de la candidata Keiko Fujimori, regalando públicamente dádivas y dinero en efectivo en un concurso organizado por un colectivo ciudadano afín a su partido, invocando la misma ley y por los mismos delitos electorales, optaron por denunciar a la candidata Fujimori y su partido político Fuerza Popular ante el JNE, instando que dejase fuera de carrera, por infringir la ley. Estas denuncias, ante el estupor e indignación del pueblo, tanto en el Jurado Especial Electoral de Lima Centro 1 (Resolución N° 011-2016-JEE-LC1/JNE) como por la autoridad máxima, el Jurado Nacional de Elecciones (Resolución N° 0310-2016-JNE), fueron declaradas infundadas la exclusión de la candidata Keiko Sofía Fujimori Higuchi y su Partido Político "Fuerza Popular". Consecuentemente, siguió adelante en su candidatura, fortificada por el JNE y, "enaltecida" por los medios de comunicación y la prensa bajo su control.

---

[48] Nota: Para mayor detalles, léase: RESOLUCION N° 024-2016-JEE-LC1/JNE y, RESOLUCIÓN N° 0196-2016-JNE.

Otra muestra de las reiteradas y escandalosas decisiones parcializadas del JNE, es la referida a "no aplicar el artículo 2 de la nueva ley y dejar en 5 % la valla electoral, es decir, el mínimo de votos que un partido debe lograr para mantener su inscripción y poder tener representatividad en el congreso. Ello a pesar que la nueva norma especificaba que las agrupaciones que vayan en alianza tendría que superar el 7.5 %. Esta última disposición del jurado fue muy cuestionada dado que beneficiaba directamente a la alianza del Partido Aprista Peruano y el Partido Popular Cristiano, dos partidos tradicionales, que con la aplicación de la nueva ley habrían quedado fuera del parlamento y sin futura inscripción"[49]. Por estas incoherencias y parcializaciones aparentes del JNE, indagaciones de periodistas de trayectoria, sustentadas en pruebas contundentes, sugieren que la conducta funcional de los miembros del máximo tribunal electoral en ejercicio, no precisamente están respaldadas por un historial de límpida honestidad personal. Veamos los juicios del periodista e investigador Gustavo Gorriti, quien sobre esta casuística, escribe el artículo **La ley y la trampa**, en la revista virtual de IDL-REPORTEROS: *Elecciones 2016*. Para fundamentar sus puntos de vista, empieza haciendo una acertada analogía entre las elecciones que manipulaba Alberto Fujimori en sus años aurorales y ésta del 2016. Gorriti, refrescando la memoria de los peruanos, dice

---

[49] ANTÓN, JOSÉ CARLOS: *Elecciones en Perú 2016: Una encrucijada política que haría peligrar el crecimiento económico.* INFORME ESPECIAL, en DESARROLLANDO IDEAS. LLORENTE & CUENCA. Madrid, abril 2016.p.3

esto: "¿Recuerdan la época de Fujimori, especialmente los años finales? ¿La corrupción mal disimulada, el cínico fariseísmo que usaba la forma para pervertir el fondo? ¿Donde "la ley es la ley" significaba "la trampa es la trampa"? Ahora, en una democracia débil y manoseada, la historia tiende a repetirse. La situación no es la misma, aunque muchos de los personajes – trajinados por los años, las mañas y las grasas– sí lo sean. El propósito, sin embargo: utilizar la leguleyada más cruda, la trampa disfrazada como ley para burlar el derecho al sufragio efectivo, es el mismo"[50]. Más adelante, para demostrar que los miembros del Jurado Nacional de Elecciones no reúnen la capacidad y honestidad que sus cargos exigen, cita conclusiones de las investigaciones que la destacada periodista Claudia Cisneros asume e indica esto: "Cisneros recuerda que Távara (**Se refiere a Francisco Távara, Presidente del JNE**) estuvo a punto de ser destituido en 2009 por *"inconducta funcional"* (haber viajado *"a París con su esposa pagado por la Universidad Alas Peruanas, que a la sazón tenía más de 130 juicios abiertos"*). Távara fue salvado de la destitución en el CNM por un margen estrecho de 3 votos contra dos. Aquellos a su favor fueron de gente vinculada con el Apra"[51]. Respecto al otro miembro del JNE, el Magistrado Jorge Rodríguez Vélez, Claudia Cisneros, dice lo siguiente: "Rodríguez Vélez integró la Comisión de Indultos durante casi todo

---

[50] https://idl-reporteros.pe/la-ley-y-la-trampa/
[51] https://idl-reporteros.pe/la-ley-y-la-trampa/. El entre paréntesis, la aclaración y la negrita son míos.

el gobierno aprista, hasta el 2009, ratificado por Alan García"[52]. Sobre el siguiente miembro del JNE Baldomero Elías Ayvar Carrasco, la información que proporciona la periodista Cisneros es la siguiente: "Este año, el candidato al Congreso por el Frente Amplio, Augusto Malpartida, presentó un recurso ante el JNE, pidiendo la "renuncia" de Ayvar y su declaratoria de vacancia, tanto por los múltiples signos de su estrecha vinculación con el Apra y, en particular con Alan García, como por acusaciones explícitas de corrupción dentro de su gestión en el JNE. (...) Como recuerda Malpartida, **Ayvar fue uno de los tres miembros del Pleno del JNE que restituyó en 2012 a Roberto Torres como alcalde de Chiclayo**. Torres había sido ya sentenciado por peculado. Pese a eso (o por eso), Ayvar y sus dos colegas lo restituyeron a la alcaldía, de donde, meses después, salió a la prisión hundido por el escándalo de la cutra desaforada"[53]. Estas evidencias, confirman que los magistrados del Jurado Nacional de Elecciones; por lo menos tres de los citados, fueron nominados o nombrados para tales cargos, sin sopesar los dudosos antecedentes que en sus carreras dejaron, lo que sugiere que fue a presión de oscuros poderes fácticos, para cumplir consignas electorales convenidas como las ya indicadas.

---

[52] https://idl-reporteros.pe/la-ley-y-la-trampa/
[53] https://idl-reporteros.pe/la-ley-y-la-trampa/

2. La voz del pueblo, una fuerza que mueve montañas:

De las leguleyadas que el Jurado Nacional de Elecciones asumía y del impresionante acoso propagandístico fujimorista, la ciudadanía percibió que se asomaba un proceso fraudulento, "democráticamente consentido", para posesionar a Keiko Fujimori en la Presidencia del Perú. Situación que como era de prever causó indignación, repugnancia, espanto, miedo y resentimiento del pueblo peruano; repudio que se tradujo en clamor nacional contra la candidata Fujimori y junto a ella, al Jurado Nacional de Elecciones (JNE), identificándolo a éste, como presunto operador del fujimorismo. Indignación concretada en protesta social multitudinaria y nacional, tal que ciudadanos independientes, organizados en colectividades y otras formas sociales; enarbolando el lema de "NO A KEIKO" y "KEIKO NO VA", salieron a las calles para demostrar al mundo que en el Perú, se venía imponiendo el retorno de un régimen criminal. Las movilizaciones empezaron en Lima y se expandieron a otros departamentos, provincias y distritos del Perú; obviamente, con repercusión en la comunidad internacional. Cruel encrucijada verdad. Un pueblo víctima que acababa de salir del oprobio de una dictadura; nuevamente hoy, se veía prácticamente atado con la aquiescencia del propio Estado, al siniestro intento de recaptura del poder por quienes lastimaron y destruyeron el Perú. ¿Qué más, podía hacer? Salir a las calles, sollozar de indignación, impotencia, gritar y clamar para que el mundo la escuche.

Aun así, en la democracia peruana, de nada vale la aspiración ni el sentir de la ciudadanía. Lo que prima es la cantidad de votos, sin importar de cómo se consigue. El repudio masivo y creciente del pueblo contra la candidata Fujimori, obligó a sus estrategas, dirigir la campaña electorera a ciertas áreas urbano-tradicionales, urbano-marginales y algunos sectores rurales alejados. Poblaciones donde el apremio económico condiciona a los ciudadanos asumir una postura utilitaria, pragmática y proclive a las dádivas y promesas electorales. De esa debilidad social, el fujimorismo aprovechó en sumo grado, en sus campañas electoreras, para captar votos y victimizar la figura del sentenciado ex Presidente Alberto Fujimori y, posesionar a su partido como una fuerza política del país.

CAPÍTULO VI
LA PRIMERA VUELTA ELECTORAL Y SUS RESULTADOS

1.   Los resultados:

La elección para la Presidencia de la República en primera vuelta no trajo sorpresas, coincidió con los pronósticos de las encuestadoras. Fuerza Popular, liderada por Keiko Fujimori, logró la primera posición con el 39.863% de votos válidos y el 32,641% de votos emitidos; la segunda posición, Pedro Pablo Kuzcynski, líder de Peruanos Por el Kambio (PPK) con el 21.047% de votos válidos y el 17.234% de votos emitidos; en la tercera posición, la lideresa Verónica Mendoza de Frente Amplio por Justicia, Vida y Libertad, con el 18.741% de votos válidos y el 15.346% de votos emitidos[54].

Si bien la candidata Keiko Fujimori de Fuerza Popular vino en ganar la primera vuelta electoral; pero no tanto como ella aspiraba. Al no lograr más del 50% de los votos válidos para acceder la Presidencia de la República; ironías de la decisión ciudadana, inexorablemente irá a la segunda vuelta con Pedro Pablo Kuzcynski de Peruanos Por el Kambio; compañía, nunca deseada por ella. Esto, no sucedió con los representantes al Congreso de la República; de acuerdo a la cifra repartidora al 100% de las actas contabilizadas, Fuerza Popular ganó 73 escaños, que equivalen al

---

[54] Jurado Nacional de Elecciones JNE; Resolución N°0617-2016-JNE

56.15% y se constituye en la primera fuerza política del Congreso; Frente Amplio por la Justicia, Vida y Libertad, logró 20 escaños que representan al 15.385% y significan la segunda fuerza política del Congreso; Peruanos Por el Kambio, tiene 18 escaños y significa el 13.85%, además de ser la tercera fuerza política del Congreso; Alianza para el Progreso del Perú 9 escaños con el 6.923%; Acción Popular y Alianza Popular, alcanzaban cada uno 5 escaños con el 3.846% cada uno[55].

Los resultados electorales en la primera vuelta concluyen que la candidata presidencial, Keiko Fujimori de Fuerza Popular, logra más votos que sus contrincantes a la Presidencia de la República y gana las elecciones en 16 departamentos; ocupa el segundo lugar en 7 y el tercer lugar en 2 departamentos[56].

En el caso del Frente Amplio por Justicia Vida y Libertad, ocupó el primer lugar en 7 departamentos, todos en el sur; el segundo lugar, en 10 departamentos, entre el sur, suroriente, oriente, nororiente y noroccidente y en el tercer puesto en 7 departamentos; pero, no lo necesario para ir a la segunda vuelta. Peruanos Por el Kambio, sólo en el departamento de

---

[55] ONPE: REPORTE ELECTORAL, 93; Abril 2016; Elaborado por la Gerencia de Comunicaciones y Relaciones Corporativas / Año 13 / N° 93 / Abril 2016.
[56] Elecciones Presidenciales Peruanas 2016: resultados al 100% (actualizado); Tomado de:
http://elecciones.deigualaigual.net/2016/227-elecciones-presidenciales-peruanas-2016-resultados-al-59/

Arequipa, ganó las elecciones en primera vuelta; ocupó el segundo lugar en 7 departamentos y en 14 el tercero. Aun así, le permitió ir a la segunda vuelta electoral con la candidata Keiko Fujimori de Fuerza Popular. En cambio Alianza Popular apenas ocupó el segundo lugar en el departamento de La Libertad; Acción Popular ocupó el tercer lugar en el Departamento del Cusco. La agrupación política Democracia Directa, a pesar de haber ganado las elecciones en el departamento de Cajamarca y ocupado el tercer lugar en el departamento de Puno, por no haber alcanzado la valla electoral, no tendrá participación política en el congreso. Cosa distinta ocurrió con el partido Alianza Por el Progreso, al haberse excluido la candidatura de su líder César Acuña a la Presidencia de la República, solo participó en las elecciones congresales. Aun así, logró congresistas en diferentes departamentos.

La novedad de esta primera vuelta, como ya dijimos, es que Fuerza Popular, logró el 56.15% de la representatividad parlamentaria nacional. Estos resultados, independientemente a los de la segunda vuelta, son extremadamente preocupantes para el ejercicio democrático del país, porque al tener asegurado más del 50% de la cuota del poder constituido en el Congreso; el fujimorismo, ejercerá sin lugar a dudas, hegemonía absoluta sobre todas las fuerza políticas de minoría y, eliminará el ejercicio democrático que se supone debe primar al interior del primer poder del

Estado. En síntesis, la dictadura fujimorista retornó al Congreso de la República.

2. El repudio popular a la candidata Keiko Fujimori.

2.1. Lectura de las causas:

La razón del repudio popular a la candidatura de Keiko Fujimori, responde a una reacción natural del pueblo peruano, frente al régimen criminal de su padre y su aliado Montesinos, del que ella formó parte. Crímenes que quedarán tatuadas en la memoria colectiva del Perú, por mucho tiempo. Sobre este eje central de repudio, giran otras razones no menos importantes, los que a continuación se resumen así:

1. La candidata Keiko Fujimori, desde el año 2006 en adelante, se caracterizó por infundir marcadas dudas, preocupaciones y antipatías en la población nacional. Sobre el particular, OPINIÓN & ANÁLISIS del Instituto de Opinión Pública y de la Pontificia Universidad Católica del Perú, al analizar los resultados de la segunda vuelta electoral de 2011, concluye esto: "El 60% de consultados manifestó su preocupación por los vínculos que tenía Keiko Fujimori con su padre, Montesinos y las gente que la rodeaba. Aunque aún no se haya hecho una medición del cinismo político de los electores peruanos, la aversión hacia un gobierno corrupto y autoritario fue más poderosa que la identificación con un gobierno económicamente

eficiente y pacificador".[57] Esta percepción hasta el año 2016, prácticamente no cambió; por el contrario, el anti-voto de la candidata Fujimori, vino creciendo como demuestra una encuesta de El Comercio-IPSOS del 23 de marzo de 2016 que dio cuenta así: "Encuesta de El Comercio-Ipsos revela que 46% no votará por la candidata de Fuerza Popular; en febrero, la cifra fue de 40%[58]". Si esta información cuantitativa asociamos al creciente repudio popular, no se dude que la persistente candidatura de Keiko Fujimori, actuó como una afrenta al pueblo y exacerbó el rechazo de la ciudadanía.

2.   Del creciente rechazo popular a su candidatura, la propia Sra. Keiko Fujimori, fue la causante: Por un lado, zurrándose en las decisiones del Estado y valiéndose de su partido en el Congreso, hizo derroche de una obsesiva presión a los poderes públicos, exigiendo la pronta liberación de su padre; y por otro lado, la victimización del mismo, utilizando en grado sumo el poder a su disposición, para emprender una agresiva campaña política nacional e internacional. De cuyos hechos, el pueblo estuvo informado.

---

[57]PIMENTEL, CAVALIÉ JOSEDOMINGO: *¿Qué fue lo último que pensaron los peruanos antes de dar el "salto al vacío"?* En OPINIÓN &ANÁLISIS; Elecciones presidenciales segunda vuelta: un análisis del voto peruano; Pontificia Universidad Católica del Perú-Instituto de Opinión Pública. Año II / Julio de 2011, Lima. P.28.

[58] http://elcomercio.pe/politica/elecciones/antivoto-keiko-fujimori-crecio-6-menos-mes-noticia-1887945

3.   Durante su exposición en la Universidad de Harvard-Boston USA, obsesionada por llegar en primera vuelta a la Presidencia de la República, utilizó como caja de resonancia a la comunidad norteamericana y, simulando reconocer los errores de su padre, expresó incoherentes aseveraciones y ofrecimientos, los que después y según la ocasión, fueron negadas por ella misma.

4.   Emulando prácticas electorales fraudulentas, similares a las de su padre en el año 2000; sembró terror propagandístico para dejar fuera de combate a dos de sus peligrosos contrincantes que aún quedaban y, contrarrestar el creciente repudio popular.

5.   Caso repugnante fue el trato a la candidata Verónica Mendoza, contra quien Keiko **Fujimori**, **considerándola como su enemiga central**, disparó **diatribas y calumnias por doquier como**: "defensora de los terroristas", seguidora del finado presidente Chávez de Venezuela y, "candidata de Nadine Heredia", entre otros infundios.

6.   Finalmente, para simular ante el pueblo la ruptura del pasado con su padre, machacó hasta la saciedad lo expresado en Harvard, incorporó además en su discurso de campaña, la expresión: "Sé mirar a la historia de mi país. Sé qué capítulos se deben repetir y sé muy claro cuáles no" y respecto al indulto a su padre, como mofa a

la inteligencia ciudadana, prometía dejar en manos del Poder Judicial.

CAPÍTULO VII

CRÓNICA DE LA SEGUNDA VUELTA ELECTORAL: 2016

1. La lectura de la recomposición de las fuerzas políticas para la segunda vuelta electoral:

Los resultados electorales del 10 de abril parecen augurarle un panorama político indeseado a la candidata Keiko Fujimori de Fuerza Popular; la enfrentará con su antiguo aliado político, don Pedro Pablo Kuczynski de Peruanos Por el Kambio. Las dos opciones en pugna son de derecha y proponen para el Perú como modelo económico el neoliberalismo. Socio-políticamente son paradigmas preferenciales de un conglomerado social (sectores A, B y C de la sociedad peruana) de intereses heterogéneos, donde prima el utilitarismo y tienen decisión electoral soberana y arraigada autoestima. En estos sectores, la elección de los sujetos políticos de su preferencia ya está definida. La antípoda que acompaña a esta clientela electoral de derecha, son los electores indeterminados de los sectores urbano-tradicionales, urbano-marginales y rural andinos; preferentemente de Lima y ciudades del norte y centro del país, con aparentes carencias, ambigua soberanía electoral, baja autoestima, proclives a dádivas y sensibles al impacto de mensajes políticos efectistas. Este es el escenario poblacional donde ambos candidatos cautivan a sus electores y representan el 50.90%   del electorado nacional. Quien gane las elecciones, requiere más del 50% de votos, imposible que sólo la "derecha" pueda dirimir.

Otro sector de peruanos, igualmente asentados en los ámbitos urbano tradicional, urbano marginal, urbano rural, rural costero, rural andino y amazónico, entre otros: indígenas, mestizos, migrantes y criollos empobrecidos, pese a que para ellos la democracia, es aún una trampa electoral, apuestan en ella, como medio de cambio y son soberanos en sus decisiones políticas. Así en estas elecciones del 2016, venciendo duras vallas que el Estado impone al ejercicio de los derechos políticos, vienen forjando una alternativa de organización política dirigida por una pléyade de líderes consecuentes con la realidad peruana y el cambio inexorable. Se trata del Frente Amplio, que en un entorno político criollo, hostil y con escasos recursos económicos, lograron nuclearizar al 18.74% de electores soberanos y constituyen la segunda fuerza política del Perú. A este sector de ciudadanos, con memoria e identidad, sumemos el 3.9% de Democracia Directa y lo más importante, a la juventud peruana que consiente de su rol ante el inminente retorno del pasado denigrante, movilizó al pueblo: los colectivos: NO A KEIKO y KEIKO NO VA. Este primer intento político de peruanos que buscan cambio con lo suyo, hoy significan mínimamente, el 22.64% de electores, sin incluir el segmento de ciudadanos que por diversas razones no participaron en el evento electoral. Cuando digo hoy me refiero al contexto temporal descrito. Paradójicamente este sector de peruanos, de convicción avanzada, definirán los destinos del Perú en la segunda vuelta electoral, endilgando sus votos a una de las dos opciones políticas, no recomendadas por la experiencia histórica para los peruanos excluidos.

Un tercer conglomerado que el 10 de abril del 2016, quedó decantado en sus aspiraciones al poder, fueron los partidos políticos tradicionales y emergentes; entre los primeros encontramos al partido Acción Popular, que no entró en componenda con Alberto Fujimori en la década de la ignominia y en estas elecciones; significa el 6.97% de la población electoral del país. A su vez, Alianza Popular, que es el resultado del contubernio entre el APRA y el Partido Popular Cristiano PPC, ambos copartícipes de la dictadura de Alberto Fujimori. El primero, con trayectoria de dos períodos gubernativos: entreguista, mediocre, corrupto, con pasivos pendientes con la historia y como castigo esta Alianza en las elecciones del 2016 apenas logró el 5.83% de votos. Pero, gracias a la misma mano sucia de la política, el JNE, escandalosamente prolongó la muerte del APRA, al no aplicar el artículo 2 de la nueva ley N° 30414 que exigía el 7.5% de votos para valla electoral y mantener el 5%.

2. Empieza la segunda vuelta electoral:

En el escenario socio-político, descrito hasta aquí, los electores peruanos, prácticamente se encuentran atrapados en un conflicto interno: decidir entre dos líderes del mismo sector poblacional y propuesta política, cualitativamente parecidos. Por un lado, Keiko Fujimori, de trayectoria autoritaria y obcecada al poder, con claro propósito de aprovechar la democracia para reconstruir un sistema autoritario e interesado en recuperar el inmenso costo de sus campañas y ganar desde luego. Por añadidura, enfatiza en su campaña una política económica con preferencia a la micro y pequeña empresa y en los sectores sociales marginales del Perú; solucionar la inseguridad ciudadana, plena libertad de prensa, reconciliación democrática y derechos humanos. En palabras del politólogo Martín Tanaka: "Populismo de derecha eficaz". Por el otro lado, Pedro Pablo Kuzcynski, tecnócrata con trayectoria opuesta a la de su contrincante; propone el fortalecimiento de la actividad productiva, seguridad social de calidad, seguridad ciudadana, lucha contra la corrupción y el narcotráfico, servicios básicos (agua y desagüe), salud, educación, continuidad de las políticas sociales y apoyo a los gobiernos regionales y desburocratizar el Estado. Temas del debate, para el que finalmente la autoridad electoral, convoca y fija la fecha de la segunda vuelta el 05 de junio del 2016. Las dos opciones en pugna que aguardaban en sus marcas este campanazo, emprenden la furibunda vendetta o guerra electoral. El objetivo de este furor es convencer para sí a los electores del Frente Amplio, a los indecisos y al conglomerado de las minorías conformadas por partidos nuevos y tradicionales que quedaron decantados en la Primera vuelta. Como en el Perú es consenso que quienes ganan las guerras electorales, son sólo los que más dinero tienen, no importando de dónde, ni cómo vengan: "...la plata llega sola"[59] y si Fuerza Popular y Peruanos Por el Kambio llegaron a esta final, es porque buscan plata y tienen "plata como cancha"[60].

2.1. El primer debate y el empoderamiento de Keiko Fujimori:

Los estrategas de ambos bandos, como en toda guerra o vendetta electoral, se mueven por dos sendas de acción distintas; pero, hacia un escenario común de combate, el mercado de votos. Por un lado, la batalla en el campo de los medios de comunicación, información y la prensa; por el otro, las "trampas y armas letales" guardadas para ser usadas en el momento oportuno. En ambos casos manda el dinero contante y sonante. Trampas y armas letales avanzan soterradamente; en apariencias, dinámica de pactos, acercamientos, cálculos y sonrisas electorales. Un *río revuelto* de líderes, tanto de los partidos en pugna, como los de minoría; entrevistas radiales, televisivas, publirreportajes; informes

---

[59] La columna de Bayly: La plata llega sola Lunes 06 de diciembre del 2010 | 09:52. http://peru21.pe/noticia/680187/columa-bayly-plata-llega-sola

[60] Nota: Esta frase: *"Plata como cancha"* es una expresión metafórica del que fue candidato a la Presidencia de la República de Alianza para el Progreso, César Acuña Peralta, para referir que dinero tenía suficiente para la campaña electoral.

periodísticos, encuestadoras anunciando el repunte del aspirante que contrata el servicio.

En este carnaval electoral, el Frente Amplio, Democracia directa y las juventudes de NO A KEIKO y KEIKO NO VA, no dan su brazo a torcer. Las movilizaciones de repudio a la candidata Fujimori, en todo el Perú se acentúan más. En la batalla de los medios, de acuerdo a quién paga más, se va mostrando a una, como la favorita. Aun así, mucho depende de quién y cómo maneja los poderes fácticos incrustados en el proceso. Para guardar las apariencias, ambos aspirantes tienen firmado un Pacto Ético Electoral, para no agredirse mutuamente; sino, centrarse en propuestas, que en buena cuenta es una loa a la hipocresía criolla. La primera zancadilla, vino de la candidata Fujimori, quien hizo escarnio de Pedro Pablo Kizcynski, por su viaje a los Estados Unidos de América después de la primera vuelta y tardó más de una semana por allá; ausencia que significó el desprestigio furibundo hacia éste, tal que los medios de comunicación y la prensa mercenaria, hicieron añicos de su popularidad; perdió algo de 6 puntos porcentuales. Cuando así eran las circunstancias socio-políticas, el Jurado Nacional de Elecciones JNE, anuncia la realización de dos debates presidenciales. El primero se realiza el 22 de mayo en la norteña ciudad de Piura y en la Universidad Nacional de Piura. Sobre el lugar elegido para este primer evento, se opinó que había primado la influencia de Keiko Fujimori, en mérito a que Fuerza Popular en la primera vuelta, ganó en esta región con el 56% de los votos. Y como que en efecto, así fue. Las pautas para el debate imponían abordar 6 temas: 1) Objetivo país. 2) Descentralización, 3) Infraestructura, 4) Lucha contra la corrupción, 5) Minería ilegal y tala de árboles y 6) Mejor gestión del Estado. En estas pautas los candidatos en cuestión, desarrollarían los temas en cordialidad y sin acudir a infundios. La primera en perturbar las pautas fue Keiko Fujimori, quien ante el asombro de los presentes, televidentes y radioescuchas de todo el Perú, amparada en el silencio de los moderadores, disparó pullas agraviantes a su contrincante. Por su parte, Pedro Pablo Kuzcynski, sorprendido, prosiguió su ilación en temas técnicos del debate y complementariamente, respondió a las saetas de la Fujimori, encarándola al presunto delito de lavado de activos del Secretario General de Fuerza Popular Sr. Joaquín Ramírez; la recordó también, que el Gobierno de Alberto Fujimori fue el más corrupto de la historia y le preocupaba un posible Narco Estado para el Perú. En respuesta la candidata Fujimori, sin inmutarse aclaró que ella era Keiko Fujimori y no su padre; es más le retrucó a PPK que su candidato a la primera vicepresidencia y ex Gobernador de la Región Moquegua, Martín Vizcarra, estaba involucrado y procesado en tráfico de terrenos en la Región Puno. De los 6 puntos en debate, apenas hubo acuerdo en el primero: "el objetivo al 2021 de ser el Perú un país lleno de oportunidades, con más trabajo y reducir la brecha de la pobreza". Como coralario, este primer debate pareció más una parodia arreglada, que la parafernalia periodística y los medios de comunicación, propalaron como resultado el triunfo de la candidata Fujimori. Sobre este debate, el periodista Mariano Ambrosio Aurazo, concluyó así: "PPK a la defensiva entró tibio, sorprendido, por ratos perdido en el discurso , pero dio más propuestas técnicas, en cambio la candidata Keiko Fujimori entró más calculadora, punzante, a la ofensiva, al ataque, las técnicas montesinistas de darle por debajo al contrincante, por ratos daba propuestas sensatas, la última encuesta de IPSOS PERÚ le dan más del 5 % de apoyo es decir tiene un 46.7% de intención de voto, mientras el candidato PPK 41,3% de intención de voto, muchos coinciden que la candidata naranja se llevó de encontrón a PPK" [61].

2.2. La reacción del pueblo después del primer debate:

Desde el 23 de mayo del 2016, los resultados del debate se propalaron en todos los medios, con una evidente sensación de triunfo de Keiko Fujimori. En tanto, la ciudadanía que la rechazaba percibía del evento, como una burda manipulación publicitaria, que sugería un subliminal proceso fraudulento. Para contrarrestar tal sensación, en Lima y provincias del Perú, se realizan

---

[61] MARIANO AMBROSIO AURAZO; *Análisis del primer debate presidencial descentralizado entre PPK y Keiko Fujimori.* Fecha de publicación 25 mayo 2016 - 01:42 PM: http://www.telesurtv.net/imreporter/Anlisis-del-primer-debate-presidencial-descentralizado-entre-PPK-y-Keiko-Fujimori.-20160525-0045.html

multitudinarias movilizaciones en contra de Keiko Fujimori.

Esta aparente indignación nacional se agravó más, cuando un reportaje del programa CUARTO PODER de América Televisión, puso al aire una investigación realizada por la DEA (Drug Enforcement Administration) al congresista y Secretario General de Fuerza Popular, Joaquín Ramírez y mostró un audio, donde éste, indicaba a un informante de la DEA, que la Sra. Keiko Fujimori le había entregado 15 millones de dólares en el año 2011 para lavarlos y utilizar dichos fondos en la campaña electoral de aquel año. El texto del audio que se irradió es esta: ""Él [**Joaquín Ramírez**] de repente estamos conversando y me dice: '¿Tú sabes que la china [**Keiko Fujimori**] me dio 15 millones de dólares en la campaña anterior para lavarlos, para la campaña del 2011 de las elecciones, y yo los lavé a través de una cadena de grifos, de estaciones de combustible?'"[62] Ante esta noticia, los fujimoristas lograron que la DEA aclarara el asunto, negando que la candidata Fujimori esté siendo investigada; al interior de Fuerza Popular, renunció Joaquín Ramírez a la Secretaría General y asumió el cargo, el candidato a la Primera vice-presidencia Economista José Climper. Ascenso desesperado que acarreó otro escándalo

---

[62] DEA investiga audio de congresista fujimorista Joaquín Ramírez: Tomado de: http://elcomercio.pe/politica/actualidad/dea-investiga-audio-que-comprometeria-joaquin-ramirez-noticia-1901773

relacionado con la entrega de un presunto audio editado a un programa periodístico, desacreditando las investigaciones de CUARTO PODER.

2.3. Emoción y suspenso en el segundo debate

2.3.1. Intenciones electorales previas al debate:

Antes de resumir este segundo debate, veamos de cómo las encuestadoras, inferían sobre la preferencias electorales previas: IPSOS daba cuenta que Keiko Fujimori tenía el 53,1 % de los votos válidos y Pedro Pablo Kuczynski el 46,9 %; GFK, mostraba a Keiko Fujimori con el 52,2 % de los votos válidos y a Pedro Pablo Kuczynski con el 47,8% y DATUM, informaba que Keiko Fujimori obtenía el 52,9 % de los votos válidos y Pedro Pablo Kuczynski el 47,1 %[63]. En síntesis, a una semana para las elecciones del 5 de junio, Keiko Fujimori, ganaba a su contrincante en más del 5%.

2.3.2. Resumen del debate:

El segundo debate presidencial, se realizó el 29 de mayo del 2016 en las instalaciones de la Universidad de Lima; igualmente, organizado por el Jurado Nacional de Elecciones. Los candidatos Keiko Fujimori y Pedro Pablo Kuczynski, debatieron un temario de ocho bloques: 1) ¿Por qué decidió ser presidente? 2) Crecimiento económico y empleo. 3) Desarrollo sostenible y gestión

---

[63] http://ojo.pe/actualidad/elecciones-2016-ppk-y-keiko-se-enfrentan-hoy-en-un-debate-que-sacara-chispas-221344/

ambiental. 4) Educación, reducción de la pobreza y desigualdad. 5) Transparencia y lucha contra la corrupción. 6) Bloque Seguridad Ciudadana y Orden Interno. Al finalizar hubo preguntas ciudadanas seleccionadas y un mensaje final[64]. El candidato Kuczynski inició su exposición, recalcando que su visión del Perú, no buscaba competir "con otras opciones democráticas" y proponía sus ideas con este fin, sin imponerlas. Las saetas de la Sra. Fujimori en el primer debate, debió haberle aleccionado que en esta ocasión, la exposición técnica de Kuzcynski, estuvo acompañado de respuestas precisas a los puyazos de su contrincante. Citemos algunas expresiones de Pedro Pablo Kuzcynski: "Mi contrincante representa una tendencia que nos dominó en los años 90. Es una amenaza letal a la democracia, yo creo que tenemos que terminar con esa amenaza (...) Seamos de centro, izquierda o derecha, lo fundamental es defender la democracia en el Perú". Cuestionó además a Keiko Fujimori, sobre la actuación del dirigente de su partido Joaquín Ramírez, investigado por lavado de activos y por la entrega de un audio del Sr. José Chlimper a un canal de TV; le recordó además a la Fujimori sobre su ausencia durante periodos prolongados e injustificados, cuando le cupo ser congresista. Reiteró también que el país necesitaba crecer con programas sociales que ataquen la pobreza y provean mejores servicios de agua potable y atención de

---

[64] Resumido de: http://diariocorreo.pe/politica/ppk-vs-keiko-fujimori-candidatos-se-miden-en-segundo-debate-675613/

la salud y educación de calidad. En relación a la educación, Pedro Pablo Kuczynski, reconoció y enfatizó que el Perú no tiene una educación de primer mundo. Finalmente Kuczynski, cerró su exposición llamando a los peruanos de convicciones políticas diferentes a votar por él y cerrar el paso al retorno de la "dictadura, la corrupción y la mentira". Y como colofón de su participación, parafraseando la puya que la candidata Fujimori le asestó en el primer debate, le recordó: "cómo has cambiado pelona". "Yo le diría tú no has cambiado pelona, eres la misma".

A su turno Keiko Fujimori, inició su exposición con un saludo en quechua y en alusión a su contrincante, indicó que el país está entre: seguir "con la misma política del chorreo dirigida a facilitar a las grandes empresas" o elegir su propuesta "donde todos crezcan con el apoyo de un estado presente". (...) "Para eso el Perú necesita un nuevo liderazgo, una persona que esté en todas las regiones". Afirmó también que el Perú no necesitaba un "gobernante de escritorio" y dijo que impulsaría medidas para reestablecer la seguridad ciudadana y que daría "soluciones técnicas a los problemas sociales". "Yo estoy lista para construir ese futuro. Palabra de mujer". Prometió entre otros, promover la industria forestal así como una política de titulación y financiamiento para lograr "un aprovechamiento sostenible de nuestra Amazonía" con la implementación de la Ley de Consulta Previa; formalización de la minería y la priorización del uso del agua "primero para el consumo humano" y "por último para la minería". Para concluir, se comprometió trabajar por un "Perú reconciliado" y reiteró esto: "Tengo la fuerza para trabajar por un país reconciliado, más moderno, más humano y más justo. Estoy preparada y estoy lista, sabemos lo que queremos hacer, tenemos la capacidad, la fuerza y la decisión política para llevar adelante los cambios que el Perú necesita. ¡Kausachum Perú!".[65]

2.4. El debate, los medios y la percepción del pueblo:

Antes de indagar de qué manera influyó este último debate en la decisión del electorado nacional, recordemos que la política en el Perú es una empresa para el acceso al poder; pero sin el concurso de los medios de comunicación e información, ese acceso es difícil, por no decir imposible. Es ésa, la razón por la que los propietarios de dichos medios, se autodenominan como "el cuarto poder". Son prácticamente, socios coyunturales de los políticos de la cúspide. Con ese aval, invierten y sofistican su industria comunicacional e informativa, tal que no existe un centro poblado del Perú, que no esté enlazado por dichos medios[66]. Siendo esto así, el control de la opinión nacional es un monopolio, y los ciudadanos, simples consumidores

---

[65]http://www.elregionalpiura.com.pe/index.php/nacionales/154-politica/14768-debate-presidencial-con-ligera-ventaja-para-pedro-pablo-kuczynski
[66] Nota: Léase en PORTILLA SALAS, PEDRO HERNÁN; *LA OTRA HISTORIA: Nuestra historia.* 1° Edic. USA Charleston, SC. pp.346-348.

sometidos a marcas, logos, mensajes e imágenes manipulados desde los medios. A este sofisticado despliegue de emisiones, se vendrá en llamar campaña política, que entraña un alto costo económico. Gracias a esta lógica publicitaria, los debates en la oferta electoral, constituyen herramientas únicas y contundentes para cautivar la atención de la ciudadanía nacional. De modo que ambos contrincantes, están convencidos que en este debate deben alcanzar su cometido, pero para ello, se asegurarán que el "caballero don dinero", actúe bajo su propia dinámica, de manera que quienes organizan y conducen estos debates, los hagan cuidando en sumo grado la "transparencia y equidad".

Expuesta esta premisa, veamos de cómo se difundieron los resultados del debate a la población, que en el fondo, no fue nada diferente al del primero. La emisión central estuvo a cargo de la cadena de televisión pública TV-Perú a la que se enlazaron las cadenas televisivas y radiales privadas a nivel nacional. Estas cadenas, para inducir u orientar los mensajes al universo de sus receptores, contaron con un pool de comentaristas (periodistas, politólogos y analistas), centralizado en sus sedes, desde donde orientaban la opinión nacional, precisando conceptos, mensajes, posturas y actitudes en favor del candidato promovido por ellos. Pero como la comunicación es de cobertura nacional y el objetivo es copar toda esa audiencia, una red de reporteros, corresponsales, comentaristas y fotógrafos, ubicados en lugares preestablecidos, complementaron visualizando pasajes de enardecidos simpatizantes, entrevistas, comentarios de líderes: ora previendo resultados o, anunciando triunfo de su candidato.

En el otro frente del escenario, el ciudadano receptor de todo el Perú, capta estos mensajes con expectativa variada; unos, los indecisos, población objetivo y fundamento de este debate, como es natural, aceptan como correctas aquellos contenidos distorsionados y son inducidos a tomar una decisión política a favor del candidato patrocinado. Otros, los ciudadanos de convicción soberana, no caen en este fraude subliminal, pues ya tienen decidido su voto.

2.5. Verdades y falsedades en los mensajes de los candidatos:

El otro sector periodístico, más sobrio de profesionales que interactúan en los sectores intelectuales con soberanía política definida, tuvo también sus comentarios y valoraciones sobre las propuestas técnicas, políticas, actitudes y posturas de los candidatos. Muchos de ellos en sus valoraciones, abundaron en puntos de vista formales y hasta se diría algunos, pueriles, sobre las saetas y puyazos que se zaherían mutuamente ambos candidatos. La siguiente cita nos muestra esta percepción: "El candidato presidencial de Peruanos Por el Kambio, Pedro Pablo Kuczynski, fue el ganador del segundo debate presidencial realizado hoy en la Universidad de Lima sobre su rival política Keiko Fujimori, de acuerdo a un sondeo realizado en Diario Correo, La Republica, RPP y El Comercio. En la pregunta sobre el debate en general, PPK logró el 72.5% de las preferencias contra el 26.3% quien votó a favor de Keiko Fujimori".[67] Incluso ilustres y reconocidas personalidades del ambiente intelectual, obviamente cuidando que sus opiniones no afecten al uno, ni a la otra, prefirieron omitir cuestiones que comprometían el devenir del pueblo peruano, para cubrir con opiniones de engañosa ambigüedad, propias de la diplomacia criolla. Para graficar lo dicho, las ilustres personalidades evaluaron a los candidatos en debate, acudiendo a la lógica del OBC *ojo del buen cubero"*, calificando a los sujetos políticos en riña, como objetos mercantiles, por: *"lo bueno, lo malo y lo feo"*[68]. Contraria a esta visión decadente de la política, otro sector periodístico de investigación, como es el caso de quienes trabajan en Ojo público, retrataron este debate del siguiente modo: "El último debate presidencial, a una semana de la segunda vuelta, estuvo marcado por cuestionamientos y acusaciones directas entre ambos rivales sobre su entorno y sus pasados como funcionarios públicos. Mientras Keiko Fujimori insistió en varias aseveraciones del encuentro anterior, Pedro Pablo Kuczynski se enfocó en desmentirlas en vivo e

---

[67] http://diariocorreo.pe/politica/encuesta-elige-quien-gana-el-segundo-debate-presidencial-675630/

[68] *¿Quién ganó el debate presidencial, PPK o Keiko?*; http://elcomercio.pe/politica/elecciones/quien-gano-debate-presidencial-ppk-keiko-fujimori-noticia-1905473

incidió en los recientes escándalos que involucran a los principales directivos de Fuerza Popular"[69]. Lo más resaltante del medio citado y digno de emular, es la seriedad de sus investigaciones periodísticas; ellos, compulsaron la consistencia de las expresiones, juicios, réplicas y conclusiones vertidas por ambos candidatos en los dos debates. He aquí, la síntesis de las afirmaciones dudosas y falsas de los candidatos que Ojo público, demostró como tales: En el primer debate, la candidata de Keiko Fujimori, propaló tres falsedades como verdades, referidas a: 1) denuncia penal del candidato a la Vice-presidencia Martín Vizacarra, 2) la reducción del sueldo de los policías y, 3) que Kuzcynski quiere eliminar los CTS. Respecto a Pedro Pablo Kuzcynski, quien afirmó que la Sra. Mercedes Araoz, no tenía nada que ver con el caso de Bagua; Ojo público, comprobó que tal afirmación era falsa; demostró también que dos verdades expresadas por Kuzcynski son engañosas y una, discutible; todas eran referidas a cifras estadísticas[70].

En el segundo debate, el derroche de falsedades, verdades engañosas y discutibles, siguió su curso. La candidata Fujimori empezó con un juicio falaz, afirmando que un medio de comunicación pretendía

---

[69] http://ojo-publico.com/233/debate-final-ataques-propuestas-y-mentiras

[70]http://ojo-publico.com/227/las-frases-falsas-y-enganosas-del-debate-presidencial

involucrarla en las investigaciones de la DEA para mellar su imagen; afirmación que Ojo público, demostró que no fue así. Además, detectaron tres de la afirmaciones de Keiko Fujimori, eran engañosas: 1) cuidar nuestro medio ambiente..., juicio que fue demostrado por Ojo público, al comprobar que la Sra. Fujimori, firmó pacto con los mineros ilegales, que eran los primeros contaminadores del medio ambiente, 2) "Pedí licencia por maternidad dos veces..., dos meses de licencia sin goce de haber para terminar mi maestría", juicio que resultó engañoso al demostrar Ojo público, que la licencia por tal motivo, fue de 96 días, 3) "Durante el primer año solo 7 hermanos mineros lograron la formalización y 200 el segundo año; Ojo público, demostró que esa afirmación era engañosa ya que el número total de mineros formalizados hasta el 2016 eran 1,041mineros. En torno a Pedro Pablo Kuzcynski, comprobaron que dos de sus afirmaciones eran discutibles: 1) Cuando afirmó que 12 de los congresistas electos de Fuerza Popular estaban investigados por lavado de activos; Ojo público, demostró que eran 5 los congresistas investigados, 2) Sobre la imputación de Keiko Fujimori acerca del proyecto Marca II, PPK aclaró que: "El proyecto Marca II tuvo problemas que se ventilaron con el contratista Odebretch. No fue culpa mía"; Ojo público demostró que esa aseveración era discutible. Finalmente, la afirmación de Keiko Fujimori, sobre un pacto firmado por su contrincante con Nelson Palomino; Pedro Pablo Kuzcynski, aclaró indicando que no había nada con tal señor Palomino; Ojo público, demostró que la respuesta de Kuzcinski era verdadera y la de Keiko Fujimori, falsa[71]. Este es más o menos el perfil de los dos candidatos que cautivaron en primera vuelta la preferencia electoral y entre quienes también, el 10 de junio del 2016, se tuvo que elegir en segunda vuelta al futuro Presidente de la República del Perú.

3.   Cómo llegan los candidatos a las elecciones de segunda vuelta:

Tras los resultados del último debate, era consenso entre la ciudadanía el triunfo de Pedro Pablo Kuzcynski; sin embargo, la intensa propaganda fujimoristas, mostraba a su lideresa Fujimori, no solo como la ganadora del debate, sino, de las elecciones. En respuesta a este triunfalismo, parte de la prensa que hasta antes del debate apoyaba a la candidata de Fuerza Popular, viró su apoyo hacia Pedro Pablo Kuzcynski. Entre tanto, el gran sector poblacional que rechazaba a la Fujimori, redobló su repudio. El 31 de mayo, liderada por la candidata Verónica Mendoza, del Frente Amplio y acompañando a ella, representantes de diversas tiendas políticas y organizaciones de la sociedad civil, indignadas, se aúnan a los colectivos NO A KEIKO y KEIKO NO VA, para reiterar el rechazo.

La movilización nacional fue un logro sin precedentes en la historia del Perú; tal que los peruanos, dejando atrás las concepciones y percepciones políticas personales, se

---

[71] http://ojo-publico.com/233/debate-final-ataques-propuestas-y-mentiras

unificaron para rechazar el retorno al pasado. Los principales medios desde Lima, dieron cobertura a estas movilizaciones; el diario El Comercio de Lima dio cuenta de la marcha así: "Miles de personas volvieron a marchar anoche por diferentes avenidas del Centro de Lima en contra de la candidata presidencial de Fuerza Popular, Keiko Fujimori. La movilización, que generó un gran congestionamiento vehicular, se desarrolló de manera pacífica a lo largo de las más de 35 cuadras que recorrió hasta finalizar con un mitin en la plaza Dos de Mayo."[72] Por su parte el Diario La República de Lima, comentó también: "Cerca de 70 mil manifestantes se congregaron en la marcha en contra de la candidatura de Keiko Fujimori. Entre los concurrentes a la protesta contra la candidata de Fuerza Popular, se encontraron estudiantes universitarios, sindicalistas, miembros de otras organizaciones, activistas independientes, entre otros."[73] En suma, el objetivo común era: cerrar el paso al retorno de la ignominia fujimorista, en la persona de Keiko Fujimori.

Para sustentar el fenómeno socio-político que más adelante se referirá, es necesario recordar que en el Perú, elegir a un Presidente de la República, por la lógica o albur del *"mal menor"*, es una práctica criolla usual. En otras palabras, obligar al ciudadano que elija entre dos opciones de la misma o parecida laya o a quien, cree

---

[72] http://elcomercio.pe/sociedad/lima/marcha-contra-keiko-fujimori-reclaman-falta-permisos-lima-noticia-1905597
[73] http://larepublica.pe/politica/772365-marcha-no-keiko-miles-se-manifiestan-hoy-en-el-peru-y-el-mundo

que menos miente, es una constante. Así, período tras período el ciudadano, elige alegremente al verdugo que tarde o temprano, habrá de engañarle. Esta vez, la ironía de la democracia criolla, a efectos de mantener el modelo político que tanta ruina ocasiona al Perú, ha asociado a la perfección el capital, la tecnología y las leyes, de tal manera que el ciudadano peruano, habrá de escoger el *"mal menor"*,   entre dos opciones de la derecha: Keiko Fujimori de Fuerza Popular y Pedro Pablo Kuzcynski de Peruanos Por el Kambio. Esta vez, a diferencia de los anteriores procesos electorales; la ciudadanía, consecuente que su país está en una encrucijada, cerrando los ojos y apretando la nariz, elegirá a uno, para cerrarle el paso a la otra. Sobre esta temática, Gustavo Gorriti, configuró así: "Desde el domingo por la noche, un sentimiento de movilización urgente hacia una coalición democrática virtualmente instantánea galvaniza en forma intensa, aunque desigual, a esa oposición. Ayer, el excandidato Julio Guzmán —que fue sacado de la contienda electoral merced a leguleyadas, en mi concepto fraudulentas, del Jurado Nacional de Elecciones, cuando había alcanzado, con tendencia claramente creciente, el segundo puesto en las encuestas— llamó a votar por Kuczynski ante el peligro que enfrenta la democracia en el Perú. Pidió además a la excandidata del izquierdista Frente Amplio, Verónika Mendoza —que alcanzó el tercer puesto después de una notable campaña hecha a puro esfuerzo— a llamar abiertamente a votar por Kuczynski para prevenir el retorno del fujimorismo".[74] En efecto, la excandidata del Frente Amplio Verónika Mendoza, quien invocó a sus adherentes, votar responsablemente por Pedro Pablo Kuczynski, voto que no significaba acuerdo, ni pacto con su política económica; sino, amor a la patria. Igualmente, el laureado escritor Mario Vargas Llosa opinó también así: "Pero, el hecho decisivo, para rectificar la tendencia y asegurarle a Kuczynski la victoria, fue la decisión de Verónika Mendoza, la líder de la coalición de izquierda del Frente Amplio, de anunciar que votaría por aquél y de pedir a sus partidarios que la imitaran. Hay que decirlo de manera inequívoca: la izquierda, actuando de esta manera responsable —algo con escasos precedentes en la historia reciente del Perú—, salvó la democracia y ha asegurado la continuación de una política que, desde la caída de la dictadura en el año 2000, ha traído al país un notable progreso económico y el fortalecimiento gradual de las instituciones y costumbres democráticas."[75] Desde luego, hubo también partidos que cuidando sus pasivos pendientes con el Estado, comprometieron el voto de sus adherentes a favor de Keiko Fujimori. Otros, como Alfredo Barnechea de Acción Popular o Gregorio

---

[74]**Gustavo Gorriti;** Victorias tácticas Los golpes de Keiko Fujimori parecen haber despertado a Pedro Pablo Kuczynski. https://idl-reporteros.pe/victorias-tacticas/

[75]http://elpais.com/elpais/2016/06/10/opinion/1465563628_557697.html

Santos de Democracia Directa, anunciaron que no apoyarían a ninguna de las dos opciones.

Como corolario de la campaña electoral, ambos candidatos realizaron sendos mítines de cierre. Keiko Fujimori en Villa El Salvador y la llamó como: "Fiesta Perú"; Pedro Pablo Kuzcynski en Arequipa, al que también denominó como "Gran fiesta democrática". Pero, estas apariencias carnavalescas, entrañaban suspenso y desesperación, pues las intenciones de voto, no eran claramente favorables para ninguno: "El 2 de junio, la tendencia se había revertido y en los simulacros de la encuestadora GFK, Kuczynski aparecía solo medio punto por debajo de Fujimori (44,5% frente a 45%). El 4 de junio, un día antes de las elecciones, Kuczynski ya aventajaba a Fujimori en el simulacro electoral por 45,8% a 43,8%."[76]

4. Un final de suspenso y renuencia
4.1. Y llegó el día de la fiesta electoral:

Finalmente, llegó el 10 de junio de 2016. Los peruanos en todo el Perú, preocupados, quién sabe resignados, pero presurosos se dirigieron a sus centros de votación a cumplir con sus deberes ciudadanos y esperarán que salga *pato o gallareta*. Entre tanto en la cúspide de los pretendientes al poder, la tensión y la angustia, no está

---

[76]GUSTAVO GORRITI; *El desenlace.* Tomado de:
http://internacional.elpais.com/internacional/2016/06/08/actualidad/146
5419188_977997.html

ausente; pero ellos, están en guerra y en la guerra, todo vale y la plata manda. Les interesa un bledo que las propagandas políticas estén prohibidas; la campaña continúa. Desde el amanecer, la fiesta electoral está en los canales y emisoras; las empresas televisivas, irradian en vivo y directo y a nivel nacional, los *desayunos electorales:* biografías, logros y pasajes enternecedores de la vida privada de la candidata o candidato; acompañamientos a los centros de votación, entrevistas y mensajes subliminales, mostrando a Keiko por aquí, y a PPK por allá. En suma, un aprovechamiento electoral, para mostrarse a través de la pantalla chica, en el momento estelar y único del evento e inducir al voto a los ciudadanos que se aprestan en salir a sufragar. Y así, el día avanza inexorablemente, la procesión electoral, continua; tanto la Oficina Nacional de Procesos Electorales ONPE, como el Jurado Nacional de Elecciones JNE, van informando sobre el perfecto funcionamiento de la maquinaria electoral y para certificar que este proceso está en armonía a las expectativas democráticas, vigilan cerca de 380 observadores nacionales e internacionales. Hasta que, minutos antes de cerrar el acto electoral, los pregones de las encuestadoras sorprenden a la ciudadanía, emitiendo los resultados a boca de urna: IPSOS, informó que PPK, lograba el 50.4% y Keiko Fujimori el 49.6%. CPI, anunció que PPK, obtenía el 48.9% y Keiko Fujimori el 51.1%. GFK, asumía que PPK obtuvo el 51.2% y Keiko Fujimori el 48.8% de los votantes. Dos encuestadoras están seguras que Pedro Pablo Kuzcynski ganó las elecciones; y una afirma que Keiko Fujimori es la virtual Presidenta del Perú.

4.2. Resultados finales y renuencias:

La batahola emocional es desconcertante. Por un lado la Sra. Fujimori de Fuerza Popular, desde el lujoso hotel Meliá, localizado en San Isidro, distrito financiero más importante de Lima, anunciaba al país, omitiendo los informes progresivos de la ONPE, su seguro triunfo electoral. Por el otro lado, cosa distinta ocurría con Pedro Pablo Kuzcynski, de Peruanos Por el Kambio, quien desde su domicilio también en San Isidro, decía que esperaba los resultados finales de la ONPE. Sin embargo, a medida que el tiempo discurría, los informes oficiales que empezaron a fluir lentamente, iban confirmando la primacía de PPK. La candidata Fujimori y la élite que la acompañaba, aduciendo el retraso de actas electorales del área rural, del extranjero y la definición de las actas observadas, se resistían a aceptar los resultados que emitía la ONPE y que más bien, confiaban en el Jurado Nacional de Elecciones JNE. Hasta que finalmente, días después de tensa espera y renuencia de los fujimoristas, la Oficina Nacional de Procesos Electorales (ONPE) concluyó el procesamiento y conteo de todas las actas de la segunda vuelta, con el resultado final que otorgaba a Pedro Pablo Kuczynski (PPK) el 50,120% de votos y a Keiko Fujimori el 49,880%. Porcentaje expresado en número de votantes, Pedro Pablo Kuczynski, obtuvo 8 millones 596, 937 votos válidos y Keiko Fujimori, 8 millones 555, 880 votos válidos. La diferencia entre ambos fue de 41.057 votos. El cómputo estableció, además, que 4 millones 559, 058 de ciudadanos no votaron, lo que significa un ausentismo del 19.907 %.[77]

---

[77]https://resultadoselecciones2016.onpe.gob.pe/PRP2V2016/Resultados-Ubigeo-Presidencial.html#posicion

CONCLUSIONES FINALES

1. De los resultados electorales y la nueva configuración del poder

Los datos oficiales que anteceden, se acepte o se dude, con favoritismo o limpieza cristalina, demuestran que las elecciones generales del 2016, concluyen con un ganador y una realidad política nacional determinada para el período 2016-2021:

a. El liberal Pedro Pablo Kuzcynski, ganó las elecciones para la Presidencia de la República del Perú, no sólo representando a su partido Peruanos Por el Kambio, que apenas significa el 21.04% del electorado nacional; sino, del 50.120% de peruanos, de los cuales, más del 34% son ciudadanos que aún creen en esta democracia criolla y confían en él.

b. El partido político Fuerza Popular, liderada por Keiko Fujimori, con el 39.86% de votos ciudadanos, posesiona en el Congreso de la República a 73 Congresistas, que significa el 56.15% de la representatividad nacional y se constituye en la primera fuerza política del Congreso. Realidad política aceptada por el pueblo peruano; Frente Amplio por la Justicia, Vida y Libertad, logró 20 escaños que representan al 15.385% y significan la segunda fuerza política del Congreso; Peruanos Por el Kambio, tiene 18 escaños y significan el 13.85% y es la tercera fuerza política del Congreso; Alianza para el Progreso del Perú 9 escaños con el 6.923%; Acción Popular y Alianza Popular alcanzaban cada uno 5 escaños con el 3.846% cada uno.

c. Por alguna consideración asociado a objetivos políticos en juego, esta realidad parece no convencer a Keiko Fujimori que se mantiene renuente en reconocer su derrota.

2. Sobre el proceso electoral del 2016:

Existen indicios razonables para sospechar que en el desenvolvimiento de las elecciones del 2016, actuaron oscuros poderes fácticos, incrustados en algunos sectores estratégicos de la autoridad electoral, para inducir el acceso de la candidata Keiko Fujimori a la Presidencia de la República. Esta premisa se sustenta en los siguientes hechos:

a. Utilizar subterráneamente a las autoridades electorales para entrampar con triquiñuelas legales y reglamentarias e inhabilitar de la competencia electoral a las nuevas opciones políticas.

b. Aplicación privilegiada de la legislación electoral, referidas a las sanciones de vicios y delitos electorales

c. Aparente primacía del poder económico del partido político Fuerza Popular en el control de los medios de comunicación e información;

consecuentemente, monopolio del mercado electoral del Perú.

d. Utilizar prácticas electorales deshonestas y desleales para cautivar los votos de las poblaciones urbano-tradicionales, urbano-marginales y áreas rurales alejadas.

3. Percepción del proceso electoral del 2016 por distinguidas personalidades:

a. Es el caso del Premio Nobel de literatura Mario Vargas Llosa, quien en su columna Piedra de Toque del diario El País, escribió el artículo *El Perú se salvó* y manifiesta aquí lo siguiente: "La ajustada victoria de Pedro Pablo Kuczynski en las elecciones presidenciales del 5 de junio ha salvado al Perú de una catástrofe: el retorno al poder de la mafia fujimorista que, en los años de la dictadura de Alberto Fujimori y Vladimiro Montesinos, robó, torturó y asesinó con una ferocidad sin precedentes y, probablemente, la instalación del primer narco Estado en América Latina"[78]

b. El prestigioso periodista Gustavo Gorriti, en su artículo con el título de *El desenlace*, también en el diario El País, opina de esta manera: "Se dice que nada aguza más el intelecto que la sombra del cadalso. Y eso fue lo que sucedió, tanto con Kuczynski como con las fuerzas democráticas. La

---

[78] MARIO VARGAS LLOSA; *El Perú a salvo,* en PIEDRA DE TOQUE. Tomado de:http://elpais.com/elpais/2016/06/10/opinion/1465563628_557697.ht ml

visión de la derrota para uno y del retorno de la autocracia para las otras, borró diferencias y llevó a una alianza electoral de facto que hubiera sido imposible en otra circunstancia. Kuczynski se persuadió al fin de que debía plantear la contienda en términos de la lucha de la democracia contra la dictadura y la corrupción. Llegó mejor entrenado al segundo debate (participé en su preparación) y lo ganó."[79]

4. De la actual democracia y del acceso al poder político:

a. El acceso al poder político en el Perú está íntimamente asociado a la confluencia directa de dos variables independientes y determinantes: el poder constituido y el poder fáctico (económico). El Congreso de la República, instituye las condiciones legales básicas del ejercicio democrático en sujeción a dos condicionantes: lo establecido en el mandato constitucional y, a las exigencias políticas de los poderes fácticos (económicos y políticos) que coexisten al interior del Estado. Bajo tales condicionantes el ordenamiento legal, en este caso, de los procesos electorales, camufla con apariencia democrática, protervos intereses económicos y políticos de quienes usufructúan del Estado y para mantener

[79]http://internacional.elpais.com/internacional/2016/06/08/actualidad/14 65419188_977997.html

esta situación por largo tiempo, instituye el monopolio político, como patrimonio de quienes secularmente parasitan al Estado.

b. Los procesos eleccionarios en el Perú, mantienen aún la impronta del *apartheid* colonial, colocando a un lado preferencial a la aristocracia criolla como dueños de la democracia y en el otro, a los indios, mestizos y criollos empobrecidos, sin acceso a los derechos políticos. Para mantener indemne esta desigualdad, legitima la sostenibilidad de la *sui géneris democracia,* excluyendo en la norma constitucional y en las leyes que de ellas emanan, la participación política directa de la población indígena (originaria), mestiza y criolla empobrecida, como opción política en la transformación de la sociedad peruana y, acomoda la administración consuetudinaria de su derechos políticos, a una élite política adicta al poder. Es más, como candado al progreso social, cuidando que estas poblaciones excluidas, impongan participación política; el Estado asocia el ejercicio político al pago de costos inalcanzables que imposibilitan a estas poblaciones excluidas, competir en igualdad de condiciones con quienes poseen recursos del usufructo consuetudinario del poder político y económico del Perú.

c. El Estado, cuidando las apariencias "democráticas", ofrece la administración del poder político por cinco años, entre postores criollos que más recursos económicos poseen; sin importar de dónde proceden y cómo los consiguen (partidos políticos). Como garantía de sostenibilidad para quienes, en tales condiciones usufructúan del poder, regula el mercado electoral, creando condiciones materiales, sociales, culturales y económicas propicias, expresadas en leyes y reglamentos que les permite a los postores, manipular la percepción y decisión ciudadana; y para asegurar que el voto ciudadano, esté orientado a los promovidos y evitar eventuales competidores que atenten a los primeros, instituye procedimientos, mecanismos, plazos, cronogramas y penalidades, que en conjunto significan altos costos. Consecuentemente, la democracia peruana actual, es excluyente y sectaria. Las poblaciones originarias, mestizas y criollas empobrecidas, que coexisten integrados en espacios territoriales y socioeconómicos marginales del Perú y, las poblaciones migrantes que superviven en las áreas urbano convencionales y marginales, son conculcadas en sus derechos políticos y, sometidos a elegir como sus representantes a uno de la misma élite, que usufructuó siempre del poder político.

d. Es consensuado entre las élites que aspiran y alternan el uso del poder político en el Perú, que la comisión de vicios y prácticas electorales prohibidas por la legislación vigente, están sujetas al poder del dinero y, según la ocasión, deliberadamente omitidas por la autoridad electoral.

e. La modalidad de asociar el poder económico al acceso y continuidad en el poder político, fue una constante histórica en el Perú; pero modernizada y legitimada por Alberto Fujimori en su afán de perpetuarse en el poder, por tiempo indefinido. Tras el fiasco de su dictadura, los gobiernos que continuaron, vinieron corrigiendo estas malas prácticas; sin embargo en los procesos electorales de 2006, 2011 y 2016, el fujimorismo nuevamente entra a la escena política, con el objetivo de recuperar el poder. Hasta que en el proceso eleccionario del año 2016 se puso en práctica un nuevo modo de capturar el poder político, sin perturbar el orden democrático establecido y amparado en la independencia y autonomía de los poderes; comparativamente, más refinada que las elecciones presidenciales del año 2000. En esta ocasión, ya no se trataba la re-relección del Alberto Fujimori, sino, la elección de su hija Keiko Fujimori y de su partido Fuerza Popular. Para ello, utilizó mecanismos psudodemocráticos consensuados y, ensayando los mismos métodos fujimontesinistas de manipulación política y económica, se constituyó en la primera fuerza política del Perú. Eventualmente, la decisión patriótica de la mayoría peruana salvó en parte al Perú del colapso total.

BIBLIOGRAFÍA

1. AGAMBEN, Giorgio, BADIOU, A., BEIISA Yd, D., BROWN, W., J-L. Nancy, RANCIÈRE, J., ROSS, K., ZIZEK, S.; *"DEMOCRACIA; ¿EN QUÉ ESTADO?"*/ Giorgio Agamben; Alain Badiou; Daniel Bensakl; et al - la ed. - Buenos Aires: Prometeo Libros, 2010.

2. AMBOS, Kai; *EL JUICIO A FUJIMORI: "Responsabilidad de un presidente por crímenes contra la humanidad como autor mediato en virtud de un aparato de poder organizado"*. En la revista de derecho penal y criminología, 3°Edic. Época, N°. 5, 2011.

3. AMBOS, Kai; *"Impunidad, derechos humanos y derecho penal internacional"*; Buenos Aires, 1999 y Amnesty International: *Report 1992*, Londres, 1992.

4. ANSALDI, Waldo *"La oligarquía en América Latina: esa frívola y casquivana mano de hierro en guantes de seda"* en: Socialismo y Participación No. 56, Lima, 1991.

5. ANTÓN, José Carlos: *"Elecciones en Perú 2016: una encrucijada política que haría peligrar el crecimiento económico"*. INFORME ESPECIAL, en DESARROLLANDO IDEAS. LLORENTE & CUENCA Madrid, abril 2016.

6. BASADRE, Jorge; *"Elecciones y centralismo en el Perú. Apuntes para un esquema histórico",* Lima, CIUP, 1980.

7. BOWEN, Sally y Jane HOOLIGAN; *"El espía imperfecto: la telaraña siniestra de Vladimiro Montesinos"*, Lima: Peisa. 2003.

8. CASTILLO Aste, Evaristo; *"La conjura de los corruptos: narcotráfico"*. Lima: Editorial Brasa, 2001.

9. CATERIANO, Pedro; *"El caso García"*. Lima, 1994.

10. CHEHADE, Omar; *"Atrapando al fujitivo: memorias de la histórica extradición de Alberto Fujimori"*. Lima: Editorial Horizonte. 2008.

11. CVR Comisión de la Verdad y Reconciliación; *Informe Final* (9 tomos), Lima, 2003.

12. CVR Comisión de la Verdad Y Reconciliación; *ANEXO 1 Cronología 1978-2000*. Lima, 2003.

13. CORREA, Cristián; *"Reparaciones en Perú: El largo camino entre las recomendaciones y la implementación"*. Centro Internacional para la Justicia Transicional, Junio de 2013.

14. CORTE SUPREMA DE JUSTICIA DE LA REPÚBLICA SALA PENAL ESPECIAL; Exp. Nº A.V. 19-2001 Fecha: 7 abril 2009. En: *La trascendencia del juicio y la sentencia de Alberto Fujimori: Una mirada nacional e internacional* (varios autores). Instituto de Defensa Legal. Lima: Primera edición, marzo del 2011.

15. COTLER, Julio; *"El incierto futuro de los partidos políticos"*. En: Julio Cotler (editor). Perú. 1964-1994. Economía, sociedad y política. Lima, Instituto de Estudios Peruanos, 1995..

16. COTLER, Julio Y GROMPONE, Romeo; *"EL FUJIMORISMO: Ascenso y caída de un régimen autoritario"*, IEP Instituto de Estudios Peruanos, Primera edición, diciembre del 2000, Lima.

17. COTLER, Julio; *"Drogas y política en el Perú."* Lima: IEP Instituto de Estudios Peruanos. 1999.

18. COTLER, Julio; *"Clases, Estado y Nación en el Perú"*, 4. ed., IEP Ediciones, Lima 1987.

19. DAESCHNER, Jeff; *"La guerra del fin de la democracia: Mario Vargas Llosa versus Alberto Fujimori."* Lima: Perú Reporting. 1993.

20. DAMMERT, Manuel; *"Fujimori-Montesinos: el Estado mafioso; el poder imagocrático en las sociedades globalizadas."* Lima: Ediciones El Virrey. 2001.

21. DEFENSORÍA DEL PUEBLO; *"A cinco años de los procesos de reparación y justicia en el Perú. Balance y desafíos de una tarea pendiente",* INFORME DEFENSORIAL N° 139. Primera edición: Lima, Perú, diciembre del 2008.

22. DEGREGORI, Carlos Iván y GROMPONE, R.; *"lecciones 1990, DEMONIOS Y REDENTORES EN EL NUEVO PERÚ: Una tragedia en dos vueltas".* IEP, COLECCION MINIMA / 22. 1ra. edición, marzo 1991. Lima Perú.

23. DEGREGORI, Carlos Iván y RIVERA PAZ, Carlos; *"Perú 1980-1993. Fuerzas Armadas, subversión y democracia: redefinición del papel militar en un contexto de violencia subversiva y colapso del régimen democrático."* Lima: IEP Instituto de Estudios Peruanos, 1994.

24. DEL ÁGUILA, Alicia; *Historia del sufragio en el Perú, s. XIX-XX: una lectura desde la ciudadanía y la participación indígena.* Lima, 2012.

25. DÍAZ MELÉNDEZ, Sara Mariella; *Fujimorismo: propaganda política y herencia populista*: UNIVERSIDAD DE SEVILLA, TRABAJO FIN DE GRADO, Departamento de Periodismo II Facultad de Comunicación. 2015.

26. DURAND, Francisco. *"El fenómeno Fujimori y la crisis de los partidos"* en: Revista Mexicana de Sociología Vol. 58, No. 1, 1996.

27. FIDH FEDERECIÓN INTERNACIONAL DE LOS DERECHOS HUMANOS; *LA EXTRADICIÓN DE FUJIMORI AL PERÚ: UN IMPERATIVO DE JUSTICIA!,*

Informe: Misión Internacional de Investigación. n° 449/3 Mayo 2006.

28. FRANCO, Carlos y Hugo NEIRA. *"El problema de las elites y el pensamiento. Los novecentistas peruanos. 1895-1930"*, Sevilla: AIETI. 1986.

29. FROMM, Erich; *"El miedo a la libertad"*. Editorial Paidos, Buenos Aires, 2005.

30. GAMARRA HERRERA, Ronald; *Alberto Fujimori. El juicio final*. En desco / Revista *Quehacer* Nro. 168 / Set. – Dic. 2007

31. GARCÍA MONTERO, Mercedes; *"La década de Fujimori: Ascenso, mantenimiento y caída de un líder antipolítico."* Ediciones Universidad Salamanca. 2001.

32. GETGEN, Jocelyn E.; *"Verdades no contadas: La exclusión de las esterilizaciones forzadas del informe final de la Comisión de la Verdad peruana."* Cornell, USA, 2007.

33. GONZÁLEZ GONZÁLEZ, Miguel Ángel; *"PERÚ: AUTORITARISMO Y DEMOCRACIA: Sobre las dificultades de la consolidación de la democracia en la América andina. El Perú de Fujimori.* Universidad complutense de Madrid. 2006.

34. GONZÁLEZ PRADA, Manuel; *"Páginas libres: Horas de lucha"*. Caracas: Biblioteca Ayacucho, 1976.

35. GORRITI, Gustavo; La calavera en negro: el traficante que quiso gobernar un país. Lima: Editorial Planeta, 2006.

36. JO-MARIE, Burt; *"Violencia y autoritarismo en el Perú: Bajo la sombra de Sendero y la dictadura de Fujimori"*. 2a. ed. Lima, IEP; Asociación SER, Equipo Peruano de Antropología Forense, EPAF, 2011. (Ideología y Política, 31).

37. JO-MARIE, Burt; *"La importancia de "Acusado Fujimori, acá mando yo". La trascendencia del juicio y la sentencia de Alberto Fujimori: Una mirada nacional e internacional."* Instituto de Defensa Legal: Primera edición, marzo del 2011, pp.41-44.

38. LÓPEZ, Sinesio. *"Fujimori y la crisis de la civilización del siglo XX"* en: Desde el límite. Perú: reflexiones en el umbral de una nueva época, IDS, Lima.1992.

39. LÓPEZ, Sinesio; *"Estado, régimen político e institucionalidad en el Perú (1950-1994)"* en: Gonzalo Portocarrero y Maree! Valcárcel (Editores), El Perú frente al siglo XXI; Fondo Editorial PUCP, Lima, 1995.

40. LYNCH, Nicolás *"Los partidos políticos como objeto válido de estudio en el Perú actual"* en: Socialismo y Participación No. 73, Lima, 1996.

41. MACULAN, Elena; *"La respuesta a las graves violaciones de Derechos Humanos entre Derecho Penal e Internacional: Observaciones sobre el caso Fujimori"*; Revista Electrónica de Ciencia Penal y Criminología. 2012, núm. 14-05, p. 05:1-05:32.

42. MARTÍNEZ, José Honorio; *"Neoliberalismo y genocidio en el régimen fujimorista"*, Universidad Nacional Autónoma de México. México: JUNIO 2009.

43. NOBLE KOOK, David; *"La población indígena del Perú colonial"*. Rosario, Argentina. 1965.

44. NOVOA CURICH, Yvana Lucía; *"El archivamiento del caso "esterilizaciones forzadas": una mirada desde el Derecho Penal"*. IDEHPUCP Instituto de Democracia y Derechos Humanos de la Pontificia Universidad Católica del Perú y Proyecto Anticorrupción. Lima-Perú.

45. OBANDO, Enrique; *"Fujimori y las Fuerzas Armadas"*. En: John Crabtree y Jim Tomas (editores). El Perú de

Fujimori. Lima, Universidad del Pacífico-Instituto de Estudios Peruanos, 1999.

46. ORGANIZACIÓN DE LOS ESTADOS AMERICANOS: COMISIÓN INTERAMERICANA DE DERECHOS HUMANOS; *DEMANDAS PRESENTADAS POR LA COMISIÓN INTERAMERICANA DE DERECHOS HUMANOS A LA CORTE INTERAMERICANA DE DERECHOS HUMANOS. 2004-* VOLUMEN I. SECRETARÍA GENERAL ORGANIZACIÓN DE LOS ESTADOS AMERICANOS 1889 F St. N.W. WASHINGTON, D.C. 20006. 2006.

47. PANIAGUA CORAZAO, Valentín; *"Trampas y engaños del proceso electoral: consecuencias y explicaciones".* En: AAVV. Perú 2000.Un triunfo sin democracia. Lima: Comisión Andina de Juristas (CAJ), 2000.

48. PIMENTEL, Cavalié Josedomingo: *"¿Qué fue lo último que pensaron los peruanos antes de dar el "salto al vacío"?"* En OPINIÓN & ANÁLISIS; Elecciones presidenciales segunda vuelta: un análisis del voto peruano; Pontificia Universidad Católica del Perú-Instituto de Opinión Pública. Lima: Año II / Julio de 2011.

49. POOLE, Deborah y Gerardo Rénique; *"Movimiento popular, transición democrática y la caída de Fujimori",* 2000.

50. PORTILLA SALAS, Pedro Hernán; *El perro del hortelano: la obsesión por el poder.* Charleston USA. 1° ed. Julio 2014.

51. PORTILLA SALAS, Pedro Hernán; *La otra historia: nuestra historia.* Charleston USA. 1° ed. Octubre 2015.

52. PROGRAMA DERECHO A LA PARTICIPACIÓN POLÍTICA Y CIUDADA: ABUSARUWANKU: Violación de

mujeres: Silencio e impunidad. COMISEDH-.Manuela Ramos. Lima 2003.

53. QUIROZ, Alfonso W.; *Historia de la corrupción en el Perú*: IEP Instituto de Estudios Peruanos. Lima: Primera Edic. 2013.

54. REVESZ, Bruno; *"El ocaso del sistema de partidos en la escena electoral peruana"* en: Revista Mexicana de Sociología Vol. 58, No. 1, enero-marzo. 1996.

55. RONCAGLIOLO, Rafael; *PARTIDOS POLÍTICOS Y DEMOCRACIA EN EL ÁREA ANDINA.* En IDEA Internacional, CONSEJO NACIONAL ELECTORAL. QUITO: 2010.

56. ROSPIGLIOSI, Fernando. *"Montesinos y las fuerzas armadas. Cómo controló durante una década las instituciones militares".* Lima, Instituto de Estudios Peruanos, 2000.

57. SÁNCHEZ, Juan Martín. *"Fujimori: de la fortuna a la fama o cómo reinventar la democracia".* En: J. Raúl Navarro García (editor). Sistemas políticos y procesos de integración económica en América Latina. San Juan de Puerto Rico, Ediciones del Puerto, Escuela de Estudios Hispanoamericanos, 1997.

58. STERN, Steve; Los senderos insólitos del Perú: Guerra y sociedad, 1980-1995. IEP Instituto de Estudios Peruanos. Lima: 1998.

59. STERN, Steve y MONGE, Carlos, *La crisis del Estado patrimonial en el Perú*, IEP Instituto de Estudios Peruanos. Lima:1988

60. TANAKA, Martín; *Democracia sin partidos Perú, 2000 - 2005 Los problemas de representación y las propuestas de reforma política;* IEP Instituto de Estudios Peruanos. Lima: 1a. edición, octubre del 2005.

61. TANAKA, Martín; *LOS ESPEJISMOS DE LA DEMOCRACIA El colapso del sistema de partidos en el Perú, 1980-1995, en perspectiva comparada.* **IEP** Instituto de Estudios Peruanos, Serie: IDEOLOGÍA Y POLÍTICA 9. Lima: Primera edición, setiembre de 1998.

62. TUESTA SOLDEVILLA, Fernando; *Sistemas de partidos políticos en el Perú (1978- 1995),* Lima: Fundación Friedrich Ebert. 1995.

63. VARGAS, Álvaro. *En el reino del espanto.* México, Grijalbo, 2000.

SITIOS VISITADOS

1. http://revistalawyer.com/index.php/actualidad/notici as/item/1201-los-top-10-gobernates-mas-corruptos-alberto-fujimori-ocupa-el-7-lugar-entre-los-mas-corruptos-del-planeta.

2. *file:///C:/Users/User/Downloads/Dialnet-NeoliberalismoYGenocidioEnElRegimenFujimorista-3066001.pdf*

3. http://www.corteidh.or.cr/CF/Jurisprudencia2/busqu eda_casos_contenciosos.cfm

4. http://idehpucp.pucp.edu.pe/comunicaciones/opinion /el-archivamiento-del-caso-esterilizaciones-forzadas-una-mirada-desde-el-derecho-penal/

5. http://www.verdadyreconciliacionperu.com/admin/fil es/articulos/745_digitalizacion.pdf

6. http://www.eltiempo.com/archivo/documento/MAM-432711

7. http://larepublica.pe/04-02-2007/tribunal-absuelve-9-del-caso-de-los-narcobuques-ilo-y-matarani

8. http://larepublica.pe/23-01-2004/montesinos-negocio-1000-misiles-antiaereos-sam-7-para-las-farc

9. http://larepublica.pe/27-03-2011/si-los-tios-de-keiko-fujimori-son-profugos-de-la-justicia

10. http://larepublica.pe/impresa/en-portada/709678-lo-que-keiko-oculta-rosa-juana-y-pedro-fujimori-si-son-profugos-de-la-justicia.

11. http://ojo-publico.com/242/las-millonarias-deudas-de-la-corrupcion-fujimorista

12. https://es.scribd.com/document/321388088/RECUR SO-DE-NULIDAD-615-2015#from_embed

13. https://es.scribd.com/document/321388088/RECUR SO-DE-NULIDAD-615-2015#from_embed

14. http://elcomercio.pe/politica/gobierno/wikileaks-keiko-fujimori-dio-detalles-su-acuerdo-apra-noticia-716493.

15. http://www.cidob.org.

16. http://larepublica.pe/21-07-2010/estudios-de-keiko-fujimori-y-hermanos-en-eeuu-costaron-us-1-millon-225-mil

17. http://www.andina.com.pe/agencia/noticia-guillen-fujimori-ha-dado-hasta-siete-versiones-contradictorias-sus-estudios-611969.aspx

18. http://larepublica.pe/07-04-2011/keiko-se-ausento-500-dias-del-congreso

19. . http://www.cidob.org

20. http://larepublica.pe/08-08-2010/keiko-presento-17-proyectos-y-cobro-un-millon-de-soles

21. http://www.justiciaviva.org.pe/especiales/barrios-altos/42.pdf

22. http://www.cidob.org. Actualización: 19 abril 2016

23. http://fondosdepapel.ojo-publico.com (Actualizasdo a mayo de 2014)

24. **http://ojo-publico.com/218/keiko-fujimori-reporta-gastos-por-5-millones-en-publicidad (Jueves, 12 Mayo 2016)**

25. https://idl-reporteros.pe/la-ley-y-la-trampa/

26. http://elecciones.deigualaigual.net/2016/227-elecciones-presidenciales-peruanas-2016-resultados-al-59/

27. http://elcomercio.pe/politica/elecciones/antivoto-keiko-fujimori-crecio-6-menos-mes-noticia-1887945

28. http://peru21.pe/noticia/680187/columa-bayly-plata-llega-sola

29. http://www.telesurtv.net/imreporter/Anlisis-del-primer-debate-presidencial-descentralizado-entre-PPK-y-Keiko-Fujimori.-20160525-0045.html

30. http://elcomercio.pe/politica/actualidad/dea-investiga-audio-que-comprometeria-joaquin-ramirez-noticia-1901773

31. http://ojo.pe/actualidad/elecciones-2016-ppk-y-keiko-se-enfrentan-hoy-en-un-debate-que-sacara-chispas-221344/

32. http://diariocorreo.pe/politica/ppk-vs-keiko-fujimori-candidatos-se-miden-en-segundo-debate-675613/

33. http://www.elregionalpiura.com.pe/index.php/nacion ales/154-politica/14768-debate-presidencial-con-ligera-ventaja-para-pedro-pablo-kuczynski

34. http://diariocorreo.pe/politica/encuesta-elige-quien-gana-el-segundo-debate-presidencial-675630/

35. http://elcomercio.pe/politica/elecciones/quien-gano-debate-presidencial-ppk-keiko-fujimori-noticia-1905473

36. http://ojo-publico.com/233/debate-final-ataques-propuestas-y-mentiras

37. http://ojo-publico.com/227/las-frases-falsas-y-enganosas-del-debate-presidencial

38. http://ojo-publico.com/233/debate-final-ataques-propuestas-y-mentiras

39. http://elcomercio.pe/sociedad/lima/marcha-contra-keiko-fujimori-reclaman-falta-permisos-lima-noticia-1905597

40. http://larepublica.pe/politica/772365-marcha-no-keiko-miles-se-manifiestan-hoy-en-el-peru-y-el-mundo

41. https://idl-reporteros.pe/victorias-tacticas/

42. http://elpais.com/elpais/2016/06/10/opinion/146556 3628_557697.html

43. http://internacional.elpais.com/internacional/2016/0 6/08/actualidad/1465419188_977997.html

44. https://resultadoselecciones2016.onpe.gob.pe/PRP2V 2016/Resultados-Ubigeo-Presidencial.html#posicion

45. http://elpais.com/elpais/2016/06/10/opinion/146556 3628_557697.html

46. http://internacional.elpais.com/internacional/2016/0 6/08/actualidad/1465419188_977997.html

47. http://red.pucp.edu.pe/wp-content/uploads/biblioteca/091207.pdf.

www.ingramcontent.com/pod-product-compliance
Lightning Source LLC
Chambersburg PA
CBHW050450290526
45786CB00006B/2233